金飾今昔

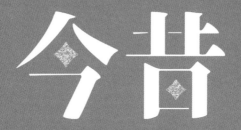

香港金飾業的興衰

甘穎軒 著

中華書局

目錄

1916年8月1日報章刊登天和金舖的廣告，除了出售金飾、錶鏈、戒指和珠鐲外，還有當時在華人社會尚未流行的鑽石。

1931年10月12日《工商晚報》報道上環各金舖決辦聯防，體現中國傳統文化強調睦鄰友好、互相幫助和相互照應的精神。

1937年1月21日《天光報》報道中和金舖的劫案，警方懸紅緝拿逃匪。

2021 年的上海街，這裏在上世紀中葉曾經金舖林立，是九龍區重要的商業地段。

屹立於上海街超過一個世紀的胡和盛金行。攝於 2021 年。

呔夾。

送贈客人的金盒。

為了遇劫時可減少損失，飾櫃門上只會開出一道圓形的小門，供店員伸手進內提取貨品。

周生生位於香港的製造工場，內裏有多部先進的機器，處理不同的製造工序。

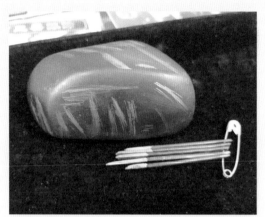

試金石。配合硝酸和鹽酸的混合液檢驗黃金或金飾的成
色。

打金用的錘。透過反覆敲打，使金塊產
生變形的效果。

拉線機。用作拉出幼條狀的金線。

方型鍊織機。用作編織粗幼
不同的金鍊。

壓鍊機。用作將織出的金鍊壓平,準備進行打磨工序。

1926 年成立的「香港唐裝首飾商業會」，是香港金銀首飾業最早的同業組織。

戰後成立的「九龍珠石玉器金銀首飾業商會」與「香港珠石玉器金銀首飾業商會」，扮演着政府與業界之間的橋樑角色。

文員會舉辦各類文娛康樂活動，讓會員在工餘時間得到輕鬆的機會。

1946 年成立的「港九金銀首飾器皿總工會」，是代表打金師傅及他們的學徒的行業公會組織，現已易名為「香港金銀首飾工商總會」。

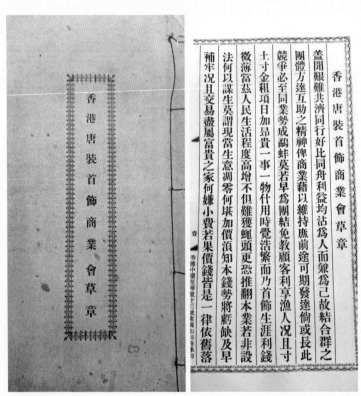

香港唐裝首飾商業會草章

蓋聞艱難共濟同行好比同舟利益均沾爲人而兼爲己故結合群之
團體方達互助之精神俾商業藉以維持庶前途可期發達倘或長此
競爭必至同業勢成鷸蚌莫若早爲團結免教顧客享漁人況且寸
土寸金租項日加昂貴一事一物什用時覺浩繁而乃首飾生涯利錢
微薄當茲人民生活程度高增不但難獲蠅頭更恐推翻本業若非設
法何以謀生莫謂現當生意凋零何堪加價須知本錢勢將虧缺及早
補牢況且交易盡屬富貴之家何嫌小費若果價錢皆是一律依舊落

章　香港中環荳蔴里十三號啓鴻和書務長邦

「香港唐裝首飾商業會」草章。

珠寶零售業營商實務守則,為業界提供嚴格而清晰的指引,藉以加強公眾對香港珠寶金飾零售業的信心。

「香港珠石玉器金銀首飾業」及「港九珠寶首飾業文員會」共同使用位於中環皇后大道中香港珠寶大廈的會址,可見兩者之間的關係密切。

「港九金銀首飾器皿總工會」的出版刊物。

自序

　　香港自「開埠」至今百多年，社會經濟歷經巨變，從最初的小漁村到轉口港，再由轉口港走向工業城市，從工業城市發展成為國際金融中心。在不同的發展階段裏，各行各業都需要面對新挑戰和衝擊，有些行業能夠順應時代轉變，成功抓緊新機遇，邁步向前，再創高峰；但也有傳統行業不敵時代巨輪，黯然消失在歷史的長河裏。金飾業在香港擁有悠久歷史，有些老字號屹立香江已有超過百年光景，有些商號則源自廣州，在第二次世界大戰前後來港發展。經過多年來的努力經營，部分商號已成為本港知名的金飾品牌，近年，它們積極開拓內地的珠寶零售市場，並從中獲得巨額盈利。反觀打金作為香港傳統手工業之一，卻呈不斷萎縮之勢，自二十世紀末，大量本地金飾製造廠及打金工場北移，不少打金師傅因而失去工作，被迫退休或轉業，加上欠缺新人入行，香港的打金業步向夕陽的局面看來難以被扭轉。

　　本研究得以順利完成並能刊印成書出版，有賴香港浸會大學持續教育學院及衞奕信勳爵文物信託基金提供研究經費。同時，筆者十分感謝九龍珠石玉器金銀首飾業商會、香港珠石玉器金銀首飾業商會及香港金銀首飾工商總會在研究期間提供了不少幫助，除了提供不少珍貴的歷史文件、相片及出版刊物，還協助聯絡在金飾業內資歷深厚的人士進行口

述歷史訪談。筆者感謝劉克斌先生、黃紹基先生、吳振騰先生、郭明義先生、顏卓偉先生、張偉南先生、張汝榮先生、張華根先生、吳永輝先生及本人的岳丈鄺添合先生，他們在百忙之中願意抽空接受筆者的訪問，為本研究提供了不少珍貴的歷史資料。另外，香港浸會大學持續教育學院研究管理辦公室的同事為筆者提供了不少行政上的支援，在此向各位表達由衷感謝。

　　本研究進行期間，發生了一些令人傷感的事情。去年4月下旬，噩耗從澳洲傳來，黎志剛教授因病辭世。十五年前，筆者前往澳洲昆士蘭大學留學，正是在黎教授的指導下，完成博士論文。黎教授對筆者關懷備至，記得那時初來報到，在生活和學業上都未能適應，處處碰壁，遇上不少麻煩的事情，幸在黎教授的幫忙下得以解決，筆者對黎教授是心存感激的。黎教授對學術研究充滿熱誠，家中藏書量驚人，而且相識滿天下，經常邀請朋友和學生到其府上作客。筆者上一次與黎教授見面是在2019年8月一個有關中國商業史的國際學術研討會上，這次是筆者畢業後首次回到澳洲布里斯本市，也是最後一次與黎教授談學問了。另一件事情是發生於去年11月下旬，家慈因病撒手人寰，遺憾未能見到本書的出版。筆者的母親近年罹患頑疾，身體欠佳，離世

前一段時間病情急轉直下，雖然筆者早作心理準備，但每當憶起小時候與母親一起的各個片段，難免有所感觸，淚如泉湧。筆者感激母親一直無微不至的照顧，經常叮囑筆者要早睡早起，多休息，可惜筆者至今仍無法改變晚睡的壞習慣，希望她在另一個空間能夠生活愉快，家中的事情就請不用再掛心了。

　　最後，筆者特別感謝浸大國際學院歷史及香港研究副學士專修的陳紹威同學、郭嘉俊同學和高敏同學，他們在繁重的學業之中也願意加入研究小組，協助筆者搜集資料和整理訪問稿。今日，他們已經畢業離校各奔前程，在本地和海外大學繼續升學，筆者在此祝願他們學業進步，前程錦繡。

甘穎軒

2022 年 4 月

寫於香港浸會大學石門校園辦公室

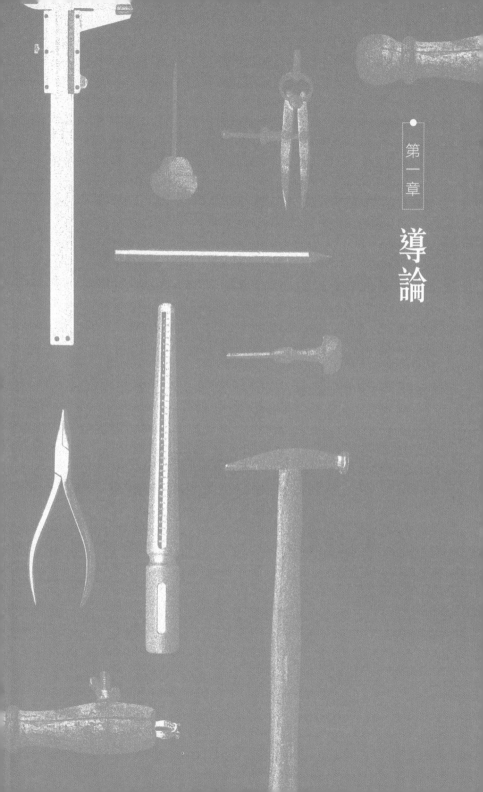

第一章

導論

　　從古到今，黃金是最為人所喜愛的貴金屬，被視為「五金為首」，有「金屬之王」的美譽。它擁有金黃色的外表，光亮閃耀，耀眼奪目。黃金是稀有的資源，藏量少，估計全球只有約二十萬公噸，已被人類開採的有大約八、九萬公噸左右。[1] 在古代，黃金曾被廣泛應用於商品交易中，作為量度貨物價值的工具。[2] 古往今來，不論在東方或西方社會，黃金皆被視為財富的代名詞，也是權力的象徵，在傳統社會，更是帝王家的專屬顏色。

　　人類何時發現黃金，歷史學家至今仍未能給出確切的答案，但考古學家在古埃及墓穴的牆上發現一些壁畫，繪畫金匠將黃金溶化為液體後澆鑄入模具裏，證明古埃及人早在距今數千年前已經發現黃金，並掌握利用黃金鑄物的技

1　唐羽：〈黃金的歷史與金瓜石礦山的興替（上）〉，《新北市立黃金博物館學刊》，第 6 期（2018 年）：9。

2　根據文獻和考古證據，位於小亞細亞西北部地區的呂底亞（Lydia）是現時歷史學家所知最早使用由黃金鑄造的貨幣作商品交易的地區，考古學家在上世紀五十年代在位於今日土耳其塞爾丘克市的阿爾特彌斯神廟（Temple of Artemis）的廢墟裏發掘出很多屬於呂底亞的古錢幣，證實是在距今二千六百多年前在當地流通的貨幣。中國使用黃金作貨幣也有悠久的歷史，近代在長江流域春秋戰國楚國故土上發掘出數量不少的金鈑，上面皆刻有「郢爰」二字，故這些金鈑又稱「郢爰」。「爰」古作金，每件重大約 250 克，含金量一般在九成以上，是在戰國晚期楚國地區流通的金幣。

術。[3] 中國先秦時期的文獻如《山海經》、《管子》等也不乏黃金的記錄，考古人員在今日河南和河北商代遺址中，發現不少漆器、棺木及祭祀用具，上有金箔、金葉或金片作裝飾，證明中華民族早在距今三千多年前已懂得利用黃金裝飾器物。[4]

　　黃金很早已被用於製作首飾。考古學家在位於今日伊拉克境內幼發拉底河和底格里斯河下游地區屬於古代蘇美文明的王室墓穴裏，發掘出用黃金打造相信是屬於國王的頭盔，及皇后所用的頭飾、耳環、項鍊、手鐲等，全部都是以黃金製造，反映距今五千多年的古蘇美爾人已經使用黃金製造首飾，供王室貴族佩戴。在歐洲大陸，距今三千多年前出現在愛琴海地區的邁錫尼文明，已經有金匠、銀匠等職業，他們隸屬宮廷，為王室貴族服務。[5] 中華民族早在先秦時期已懂得製作金飾，從山西、陝西、河北、北京、天津、甘肅和內蒙古等地殷商和西周時期的墓穴中，考古人員發現了各式各樣利用黃金製成的人體金飾，包括耳環、單環或雙環手鐲（古稱「釧」）、髮簪（古稱「筓」）、胸飾及腰帶等。[6] 在古代，不論東方或西方，金飾是奢侈品，只有皇室貴冑和達官貴人才有能力購買，因此，佩戴金飾在古代社會象徵

3　Fathi Habashi, "Gold - An Historical Introduction," in *Gold Ore Processing: Project Development and Operations*, edited by Mike D. Adams (2nd ed., Amsterdam: Elsevier Science, 2016), 2.

4　安志敏、安志爰：〈中國早期黃金制品的考古學研究〉，《考古學報》，2008 年 3 期：292-294。

5　Mark Cartwright, "Gold in Antiquity," in *World History Encyclopaedia*, https://www.worldhistory.org/gold/ (assessed on 19 March 2022).

6　白黎璠：〈夏商西周金器研究〉，《中原文物》，2006 年 5 期：39-40。

地位和財富，是彰顯身份和家族在社會上的等級地位的一種方式。

金飾在中國人的傳統婚嫁習俗中是不可或缺的。在傳統社會，男家在向女家下聘禮時要準備「三金」——即金釧、金鐲及金帔墜。[7] 在廣東地區，有「小聘」（或稱「起媒」）的婚俗，即訂親，除聘金和禮餅外，其他聘禮還包括一隻金戒指、一對金耳環、一對金石榴等。[8] 在現代社會，新娘在出嫁當天佩戴金飾不單是為了美觀，當中更蘊含很多傳統文化意義。新娘在奉茶後都會獲得夫家長輩送贈龍鳳手鐲，以示對新媳的寵愛和祝福，龍鳳手鐲必須是一對，有吉祥的意思，象徵陰陽平衡，和睦和諧，寓意婚姻美滿。在潮汕人的家庭，還有「四飾金」——即項鍊、手鐲、耳環和戒指，象徵婚後生活美滿富足。在傳統觀念上，新娘佩戴金器的多寡，象徵了夫家的財富和社會地位，數量愈多代表夫家愈富有，所以新娘在婚禮進行期間是必須戴上全部獲長輩送贈的金器，以示尊重和維護夫家的面子。

香港雖然是國際城市，強調中西匯粹，華洋雜處，與世界接軌，但九成以上的人口是華人，整個社會仍然深受中華文化所影響，傳統中國文化對黃金和金飾的態度與看法，很大程度上也反映在香港本地華人的身上。

7　盛義：《中國婚俗文化》（上海：上海文藝出版社，1994），135。

8　馬之驌：《中國的婚俗》（長沙：岳麓書社，1988），292。

◎　緣起

　　2019 年 1 月，香港浸會大學持續教育學院推出種子研究補助計劃（Seed Grant），鼓勵有志進行學術研究的教學人員申請，筆者的丈人是從事金飾製作多年的老工匠，筆者不時也會聽到他講述行業內的人和事，考慮到香港金飾製造業（又稱打金業）的歷史仍未受到學術界廣泛注意，相關學術著作仍然付之闕如，於是萌生研究的念頭，並以「Retracing the History of Traditional Jewelry Production in Hong Kong」為題申請種子研究補助，幸運地獲得學院的支持。同年 9 月，為期一年的研究計劃正式展開，筆者邀請了幾位有興趣參與學術研究的浸大國際學院歷史及香港研究副學士專修的學生加入組成研究小組，協助筆者進行前期的研究工作，包括搜集文獻資料、進行口述歷史訪問、編寫訪問稿等。他們盡心盡力，辛勤工作，在繁重的學業中仍然能夠按時完成各項工作。他們的努力對筆者後續的研究和本書的撰述貢獻良多。

　　打金其實是整個金飾行業的一部分，前者負責生產各類金銀鑽石首飾，通過金舖作為銷售平台，將產品出售予顧客。有見及此，筆者修訂了研究計劃，將範圍擴大至整個香港金飾業的歷史，獲得衞奕信勳爵文物信託（Lord Wilson Heritage Trust）的撥款資助。整個研究計劃為期兩年，由 2020 年開始，直至 2022 年完成，研究成果編輯成書出版。首年，筆者不僅整理了早前搜集的各種文獻和口述訪問資料，還將蒐集資料的範圍擴展至金舖零售、商會及其他行業組織。筆者走訪了香港特別行政區政府檔案處、香港大學圖

書館、香港中文大學圖書館、香港浸會大學圖書館等,盡力搜集有關金飾買賣和生產的政府法令、行業記錄、剪報、出版刊物、廣告、照片、公司年報等文本資料。

其次,筆者進行口述歷史訪問及田野考察。由於筆者是「外行人」,與金飾業和打金業沾不上半點關係,所以在找尋受訪對象時,必須依靠「內行人」的幫助。筆者的丈人鄺添合師傅給予了很大幫助,除了接受筆者與研究小組成員的訪談,還介紹了多名相熟的業內人士,讓筆者可以向他們請益,獲得更多有用的資料。此外,筆者透過九龍珠石玉器金銀首飾業商會蕭翠文秘書居中協助,成功聯繫多位在香港金飾業內重要的人物進行口述歷史訪談。九龍珠石玉器金銀首飾業商會更向筆者提供珍貴的《香港唐裝首飾商業會草章》及該會的公司註冊文件及章程,以及近年的紀念刊物等。香港珠石玉器金銀首飾業商會張淑賢秘書幫助筆者聯絡該會會長黃紹基先生進行口述歷史訪問,並向筆者提供一些該會的舊照片。香港金銀首飾工商總會霍玉梅秘書則幫助筆者聯繫上該會的榮譽理事長郭明義先生進行簡短的電話傾談。另外,筆者也沒有放過任何到金飾製造廠及打金工場作實地考察的機會,希望從中了解金飾製作的步驟與工序。

◉　香港金飾與打金業研究

戰後,香港逐步發展成為工業城市,產品出口與對外貿易的表現成為當時香港政府關注的焦點,因此,早期有關香港金飾買賣與出口的研究,主要來自成立於 1966 年的香港貿易發展局(Hong Kong Trade Development Council),

它們於上世紀八十年代先後出版多份研究報告，包括 *Hong Kong's Precious Jewellery Industry and the Precious Jewellery Market in Switzerland*（1980）、[9] *The Precious Jewellery Market in the United Kingdom*（1980）、[10] *Hong Kong Jewellery Industry*（1984）、[11] *Hong Kong's Jewellery Industry and Export*（1986）、[12] *Hong Kong's Jewellery Industry and Export*（1987）[13] 等，內容除了探討香港各類珠寶產品在本地銷售及出口海外的概況，也有論及行業內的生產結構和產品的種類。

有關香港金飾買賣的研究，最早可見於胡漢輝（1922－1985）的《香港黃金市場》，該書出版於 1986 年，是胡氏的遺作，主要輯錄了他過去在出席不同場合所作的演講文稿，當中收錄了數篇關於香港的黃金與金飾買賣的文章。[14] 鄭寶鴻的《幾許風雨——香港早期社會影像 1911－1950》[15] 及《香港華洋行業百年 —— 貿易與金融篇》[16] 對十九世紀末及

9　Hong Kong Trade Development Council, *Hong Kong's precious jewellery industry and the precious jewellery market in Switzerland* (Hong Kong: Hong Kong Trade Development Council, Research Department, 1980).

10　Hong Kong Trade Development Council, *The Precious Jewellery Market in the United Kingdom* (Hong Kong: Hong Kong Trade Development Council, Research Department, 1980), 7.

11　Hong Kong Trade Development Council, *Hong Kong's jewellery industry* (Hong Kong: Hong Kong Trade Development Council, Research Department, 1984).

12　Hong Kong Trade Development Council, *Hong Kong's jewellery industry and export* (Hong Kong: Hong Kong Trade Development Council, Research Department, 1986).

13　Hong Kong Trade Development Council, *Hong Kong's jewellery industry and export* (Hong Kong: Hong Kong Trade Development Council, Research Department, 1987).

14　胡漢輝：《香港黃金市場》（香港：三聯書店有限公司，1986）。

15　鄭寶鴻：《幾許風雨——香港早期社會影像 1911-1950》（香港：商務印書館，2014），第七章。

16　鄭寶鴻：《香港華洋行業百年 —— 貿易與金融篇》（香港：商務印書館，2016），第十四章。

二十世紀初香港金銀業的概況作了精要論述。黃際昌根據自
己多年來對香港社會的所見所聞及各行各業的面貌寫成《香
港市場探奇》一書，其中收錄了〈金舖多於米舖〉一文，談
及金飾店內的貨品種類及描述店舖零售的具體情況。[17] 錢華
的博士論文《因時而變：戰後香港珠寶業之發展與轉型》系
統地論述香港珠寶產業的歷史發展，雖然錢氏主要是從對外
貿易的視野去論述香港珠寶業的發展，但也有介紹南盛、謝
利源等香港金飾業的「老字號」。[18] 歐陽偉廉所著的《流金
歲月：香港金業史百年解讀》對香港金飾業作了簡要的回
顧，並通過口述歷史，闡述行業中人的故事。[19]

　　有關本港個別金飾珠寶企業的歷史，主要見於各公司
自己的網站，學界對這方面的研究並不多，《華‧周大福
八十年發展之旅》是近年少數在這個領域上的作品。該書是
為了慶祝周大福珠寶集團有限公司八十週年慶而出版的。全
書由兩部分構成，上部由單忠東教授撰寫，以現代企業管理
的角度闡述周大福的企業文化內涵。下部則收錄了由馬木池
博士所編撰的〈伴我成長的故事 —— 周大福珠寶金行有限
公司史略〉，透過訪問多位在周大福工作的老員工，重構不
同時期周大福的歷史面貌。[20]

　　有學者以企業家作為切入點，通過研究他們的生平

17　黃際昌：《香港市場探奇》（北京：經濟日報出版社，1993），80-82。

18　錢華：《因時而變：戰後香港珠寶業之發展與轉型（1945-2005）》（香港：香港中文大學博士論文，2006）。

19　歐陽偉廉：《流金歲月：香港金業史百年解讀》（香港：新人才文化，2013）。

20　周大福珠寶集團有限公司編：《華‧周大福八十年發展之旅》（香港：周大福珠寶集團有限公司，2011）。

事跡，從側面展示個別金飾珠寶企業的歷史面貌。鄭裕彤（1925－2016）是最早受到關注的企業家，他雖然不是周大福的創辦人，但周大福卻在他的經營下逐步發展成為今日本港金飾業界的龍頭企業之一，他後來創立的新世界集團在香港地產界也享負盛名。有關鄭氏的傳記及研究頗為豐富，先後有祝春亭、[21] 藍潮、[22] 陳雨、[23] 鄭宏泰和高皓、[24] 王惠玲和莫健偉等人的著作，[25] 闡述了鄭氏如何由金舖的小學徒，逐步成為周大福的掌舵人，及金舖創辦人周至元的乘龍快婿，從中展示周大福在戰前和戰後初期的歷史發展狀況。謝瑞麟珠寶有限公司創辦人謝瑞麟先生（1936－）一生充滿傳奇，他是打金師傅出身，後來創辦以自己名字命名的金飾珠寶公司，到後來公司上市，他搖身一變成為上市集團主席。王向華和周凌楓認為謝瑞麟的成功除了是因小時候的經歷培養出賺錢至上的心態及敢於冒險的性格，還因為他在每一個階段的經營策略都能夠配合上世紀六十年代至八十年代香港社會和經濟大環境的需要。[26] 近年，有「香港金王」之稱的胡漢輝也進入了學者的眼簾。鄭宏泰和周文港合著《文咸街里：東南西北利四方》談及胡氏的一生及其於上環文咸東街的

21　祝春亭：《鯊膽大亨：鄭裕彤傳》（廣州：廣州出版社，1996）。

22　藍潮：《鄭裕彤傳》（香港：名流出版社，1997）。

23　陳雨：《黃金歲月：鄭裕彤傳》（香港：經濟日報出版社，2003）。

24　鄭宏泰、高皓：《可繼之道：華人家族企業發展挑戰與出路》（香港：中華書局，2017），第四章。

25　王惠玲、莫健偉：《鄭裕彤傳：勤、誠、義的人生實踐》（香港：三聯書店，2020）。

26　Wong Heung-Wah and Chau Ling-Fung, *Tradition and transformation of a Chinese family business* (London: Routledge, 2019).

利昌金號的早期發展歷程。[27] 利昌金舖專門從事黃金買賣與
鑄造，曾經是戰後重要的金號之一；胡氏於 1970 年起擔任
香港金銀業貿易場理事長，是戰後香港金飾珠寶業界的重量
級人物。

　　現時本港學界對打金師傅及金飾製造工藝的研究還處
於起始的階段，除了上述歐陽偉廉、馬木池的著作，及由
香港珠寶製造業廠商會編的《珍飾鑲傳：香江珠寶印記》[28]
有所談論外，具體研究並不多見。反觀台灣已有學者撰文探
討，王慧珍〈二次世界大戰後台灣金工匠師的養成與變遷初
探〉闡述台灣打金師傅的入行與培育方式、日常工作與收入
概況等。[29] 張家瑀《二次大戰爭後南台灣金工首飾工藝變遷》
不僅談及台灣金銀工藝的特色與發展，還將打金學徒的學習
生涯整理出不同階段。[30] 雖然這兩篇文章所探討的是台灣的
情況，但有本港打金師傅向筆者表示，台、港兩地的金銀工
藝技術大同小異，學徒的學習進度儘管因人而異，但也有相
近之處。因此，兩文對筆者了解本港打金工藝和打金學徒的
生涯，提供了很大幫助。

27　鄭宏泰、周文港編：《文咸街里：東西南北利四方》（香港：中華書局，
　　2020），第六章。

28　香港珠寶製造業廠商會 30 周年紀念編輯委員會編：《珍飾鑲傳：香江珠寶印記》
　　（香港：傳承出版社，2018）。

29　王慧珍：〈二次世界大戰後台灣金工匠師的養成與變遷初探〉，《新北市立黃金博
　　物館學刊》，第五期（2017 年）：52-66。

30　張家禹：《二次大戰爭後南臺灣金工首飾工藝變遷》（高雄：樹德科技大學碩士
　　論文，2006）。

◎　研究方法

　　文獻檔案是歷史研究的重要基石，現時有關香港金飾行業的主要文獻記錄來自香港政府檔案處。該處現時收藏了部分已經清盤的金舖檔案，內有註冊章程、股東名單、貨物資產表、政府公函等，有助筆者分析戰後初期金舖的業務範圍、股東背景及經營狀況。此外，筆者在館內找到了香港珠石玉器金銀首飾業商會、九龍珠石玉器金銀首飾業商會、港九珠寶首飾業文員會及港九金銀首飾器皿總工會的檔案，內有包括組織章程、營商細則、理監事職員名單及所屬商號、會議記錄、財政收支、往來信函、報章剪報、照片、會刊等，這些資料有助筆者闡述有關商會及行業組織的歷史及其在戰後初期的發展概況。此外，香港政府檔案處也收藏了一些由當時香港政府頒佈與黃金買賣相關的法令，對了解戰後香港金舖的經營，甚有裨益。

　　企業的年報不單可用於研究個別企業的經營狀況，還可從中得知整個行業的發展軌跡。現時，香港大學圖書館特藏部收藏了不少香港金飾企業的年報資料，當中包括周生生集團有限公司、六福集團（國際）有限公司、謝瑞麟珠寶（集團）有限公司等。由於三間企業與周大福珠寶集團皆在香港聯合交易所掛牌上市，所以它們在千禧年以後的年報也可以通過香港交易所披露易網上平台（HKEX）取得。筆者於本著裏利用這些上市企業的年報資料，討論香港金飾業近年的發展態勢及北上發展時所運用的商業策略。

　　其他主要的文獻資料來源還包括香港中央圖書館，它們收藏了多份本地中文報章，包括《華僑日報》、《香港工

商日報》及《大公報》等，時間從二次大戰前直到上世紀九十年代初，通過該館的網上搜尋平台，筆者找到了為數不少有關金舖的新聞報道及廣告，有助了解早期金舖的經營狀況、保安及防盜措施等。此外，香港中文大學圖書館及香港浸會大學圖書館內所收藏的年鑑與期刊資料，有助豐富本書的內容。

　　除了文獻檔案，筆者也利用口述歷史的研究方法，發掘其他未有反映在文獻檔案內的歷史資料。筆者在搜集資料期間，曾先後拜訪九龍珠石玉器金銀首飾業商會、香港珠石玉器金銀首飾業商會，及香港金銀首飾工商總會，有幸獲得兩位理事長劉克斌先生和黃紹基先生答允接受訪問。劉、黃二人在行業內資歷深厚，在香港金飾業界內的地位舉足輕重，他們在訪談中提供了不少重要的資料，幫助筆者了解整個行業的過去與現在。筆者也有緣通過電話與香港金銀首飾工商總會永遠榮譽理事長郭明義先生短暫傾談，郭先生早於 1957 年加入打金業成為學徒，1963 年在長洲開設打金工場，至 1970 年經營金國珠寶公司，同年開始擔任港九金銀首飾器皿總工會（香港金銀首飾工商總會的前身）的副理事長，及後擔任理事長多年。郭先生雖然年事已高，但思路仍然清晰，他與筆者分享了上世紀六十年代開工場的情況及有關港九金銀首飾器皿總工會的歷史往事。其他接受訪問的業內人士包括九龍珠石玉器金銀首飾業商會理事吳振騰先生、周生生珠寶金行有限公司生產經理顏卓偉先生、和盛金舖的張偉南先生和張汝榮先生、安遜珠寶公司的張華根先生和鄺添合先生，及曾經在打金工場任職的黃永輝先生。他們與筆者分享各自的經歷、行業內的實際情況與昔日的所見所聞，

他們所提供的資料很多是無法在文獻檔案中獲得，大大豐富了本書的內容。

　　近二十年，隨着工業北移，仍然留在香港的金飾製造廠和打金工場愈來愈少。筆者在搜集資料時，有幸獲得安排到周生生珠寶金行有限公司位於長沙灣香港工業中心的工場進行實地考察，了解在現代金飾的生產過程中是如何運用機器和電腦技術。在安遜珠寶公司任職經理的張華根先生在接受訪問之餘，也帶領筆者及參與本研究計劃的同學參觀其任職的打金工場，並沿途進行講解，令我們獲益良多。還有，張偉南先生也曾於店內的小型工作室向筆者示範包括拔絲和錘鍱等傳統工序的做法。通過實地考察，讓筆者這位「外行人」更容易了解金飾製作的方法。

◎　本書架構

　　本書分六章。首章是導論，交代了本書的寫作緣起、文獻回顧、研究方法以及全書的結構。尾章是全書的總結，闡述筆者對香港金飾業和打金業未來的看法。其餘四章都有各自的主題，希望從不同角度探討香港金飾業和打金業的歷史及其發展歷程。

　　第二章聚焦於金舖，探討其早期的發展、經營及保安措施。香港自開埠以來，人口結構以華人為主，對金飾有殷切的需求，早期的金舖大多開設於華人聚居的地方，銷售自家製作的金飾。二十世紀三十年代，內地政局動盪，不少在「省城」廣州的金舖南下香港，包括今日本港知名的金飾品牌周生生和周大福。香港的金舖大多是家族式生意，或以

鄉黨、宗族、朋友之間合資經營，體現了中國傳統的商業文化。戰後，香港社會經濟困乏，金舖生意淡薄，為了增加生意，金舖除了銷售金飾，還會經營其他副業，以吸引人流，增加銷售機會。金舖內存放大量黃金及貴重首飾，自然成為賊人洗劫的目標，金舖不僅加強店內的保安設施，還透過與警方和同業之間的合作，防止劫案發生及減少劫案發生時的損失。

第三章從打金工匠與金飾生產的角度出發，探討打金師傅的生涯、日常工作與相關的金飾製作工藝，及引進機械生產後對他們的衝擊。打金行業與其他製造行業一樣，從業員要經過幾年的學徒生涯，才可以正式成為師傅。學徒生涯一點也不輕鬆，除了收入微薄，還要應付日常各種粗重雜活，欠缺系統的教材，也沒有明確的考核標準，學習全憑個人的天資、觀察力及一雙巧手，捱過辛酸當上師傅後，就能依靠個人的手藝謀生，闖出一片天。在機器出現以前，打金師傅以「手批」的方式生產金飾，必須精通各個步驟，並掌握當中所需的工藝技術。自上世紀七十年代，機器逐步應用於不同的生產工序，雖未至於能夠完全取代打金師傅的位置，但後者的重要性明顯大不如前。

第四章討論香港金飾行業的同業組織，論述它們的創立過程、規章組織及具體工作。香港金飾業的同業組織可大致分為三種，分別是代表商號、文職人員及打金師傅。在上世紀二十年代創立的香港唐裝首飾商業會，是香港金飾業最早的商會組織。戰後，該會一分為二，分別是香港珠石玉器金銀首飾業商會和九龍珠石玉器金銀首飾業商會。兩個商會不單為會員謀福利，還訂立了營商細則，避免同業之間出現

惡性競爭。香港政府高度重視兩個商會，視之為業界的代表性組織。戰後初期成立的港九珠寶首飾業文員協進會及九龍首飾業文員會是行業內代表文職人員的同業組織，在物質匱乏的年代，為會員舉辦各項文娛康樂活動，及在力之所及下提供有限的福利事宜。現時已更名為香港金銀首飾工商總會，其前身是本地打金師傅的行業組織，原稱港九金銀首飾器皿總工會，於戰後初期曾代表行會工人向資方爭取勞工權益。

　　第五章闡述工業北移後香港金飾業與打金業的境況。香港自上世紀七十年代經濟起飛，無論地價和工資水平都大幅增加，製造業面對成本大幅增加的問題。適逢內地實施改革開放政策，鼓勵香港商人到內地投資設廠，為國家實現「四個現代化」出力。香港金飾業的龍頭企業周大福和周生生率先響應，於八十年代末九十年代初在內地設廠生產，利用內地低廉的土地和勞動成本，降低生產成本，增加毛利率。隨着內地改革開放不斷深化，給予港資企業更多的投資便利和稅務寬減，香港金飾業界陸續北上發展，開拓更多商業機遇，由最初與內地同業合作開設零售點，到後來開設自營店，從主攻一線大城市，到大力發展次級城市，提升三、四線城市的市場佔有率。反觀香港打金業卻面臨萎縮及被淘汰的危機。當然，導致打金行業日漸式微有着多種因素，但自九十年代中期開始，大量金飾製造廠和打金工場北移，無異成為了整個行業的催命符。

第二章

金舖經營與金飾買賣

　　華人喜歡購買金飾，除了個人穿戴，也可用作送禮，還有財富保值的功能。俗語有云：「有華人的地方就有金舖。」在過去兩個世紀，香港雖然有很長時間被迫接受英國的殖民統治，但華人社群佔全港人口的絕大多數，他們對黃金和金飾的需求量大，促成早期香港金飾業的發展。

　　踏入二十世紀，除了本來已在香港開業的老字號，還有為數不少原在廣州市內經營的著名金舖，因應內地形勢轉變而相繼遷港，壯大整個香港金飾業的實力，令香港金飾業在第二次世界大戰後步入鼎盛的階段。在未有網上購物的年代，普羅大眾如果要購買金飾，就只能前往金舖選購。換句話說，金舖在整個金飾產業鏈裏擔當主要銷售平台的角色，究竟金舖是如何做生意呢？金舖又會做哪些生意呢？金舖的店東又會如何保護他們價值連城的貨品，免被歹徒覬覦呢？

● 早期的香港金飾業

　　華人對金飾情有獨鍾，有華人的地方就有金舖。1842年，清廷在鴉片戰爭戰敗，被迫與英國簽訂南京條約，將香港島割讓予英國統治，但為數不少的華人仍然聚居於此地，而且人口在急速增長中。根據早年的人口統計資料，1841

年居住在香港的華人只有 7,450 人，大部分是原住民，1845
年已大幅增加至 22,860 人，直至 1851 年更進一步急升至
31,463 人，佔總人口超過九成五。[1] 金飾買賣是早年香港重
要的商業活動之一，早在十九世紀下半葉，已有不少金舖在
香港開業。晚清陳鏸勳《香港雜記》〈中西商務〉一章中寫到：

> 　　唐人貿易，其多財善賈者，則有若南北行，約
> 九十餘家；次則金山莊，約有百餘家；次則銀號，
> 約三十餘家。寫船館約二十餘家，磁器舖約十餘
> 家，呂宋煙舖約有六七家，煤碳舖約有五六家，建
> 造泥水舖約有五十餘家，花紗舖約有十五六家，麵
> 粉舖約有十二三家，金銀首飾舖約有十六七家，生
> 鴉片舖約有三十餘家，當押舖約有四十餘家，米舖
> 約有三十餘家，茶葉舖約二十餘家，疋頭舖約五十
> 餘家。則有洋貨舖、傢私舖、銅鐵舖、日本庄席包
> 舖、裁縫舖、藥材舖、油豆舖、漆舖、映相舖、寫
> 真舖、籐椅舖、硝磺舖、辦館、酒館、硯珠舖、錶
> 表舖、木材舖，尚有別項生意，難以盡錄，而生意
> 之熱鬧，居然駕羊城而上之矣。[2]

　　廣州本來是華南地區最重要的商港，是中國歷代各朝
政府對外通商貿易的主要孔道。不過，自十九世紀中葉，先

1　余繩武、劉存寬：《十九世紀的香港》（北京：中華書局，1993），337-338。
　　根據清廷與英國簽訂的南京條約，被割讓的只有今日香港島地區，九龍半島和
　　新界地區當時仍然由清政府管轄。

2　陳鏸勳：《香港雜記》（香港：香港中華印務總局，1894），33。

有紅巾軍起義，繼而受到英法聯軍的入侵，社會轉趨不穩，再加上多個通商口岸的開闢和上海的崛起，廣州在對外貿易上的重要性已經大不如前。[3] 與此同時，香港漸漸發展成為轉口港，成功吸引大量原本在華南地區經營的商家和商號，遷往香港開業，百業興旺，經濟急速發展，各行各業應有盡有，從事金飾買賣的店舖為數也不少。

早年的金飾由於是以全人手打造，所以當時的金舖又被稱為「打金葉行」，主要集中在華人聚居的地方，例如港島區上環文咸東街、永樂街、皇后大道中一帶。文咸東街和永樂街對當時香港的經濟發展至關重要，在十九世紀末二十世紀初是南北行貿易的重要基地，眾多南北行和金山莊的商號皆在該處經營。[4] 早年著名的金舖有位於永樂街的南盛、昌盛、寶昌、利昇等老牌字號。[5] 其中，昌盛金舖歷史悠久，早在十九世紀中後期已經開業，店舖位於永樂街 52 號，由台山籍商人余和芳創立，余氏的族人包括余和行、余道生、余振強等，也曾任職於該字號。當時，不少台山華僑旅居於美洲大陸，所以昌盛金舖早期也是一間僑匯公司，處理美洲華僑與內地親屬的僑匯事宜。[6] 包括台山在內的四邑

3　廣東市地方志辦公室、廣州史地方志研究所編：《廣州史沿革史略》（廣州：廣東市地方志辦公室、廣州史地方志研究所，1989），40-46。

4　有關香港南北行貿易的研究，可參 Choi Chi-Cheung, 'Kinship and Business: Paternal and Maternal Kin in Chaozhou Chinese Family Firm,' *Business History* 40:1 (1998): 26-49；Elizabeth Sinn, *Pacific Crossing: California Gold, Chinese Migration, and the Making of Hong Kong* (Hong Kong: Hong Kong University Press, 2012)；鄭宏泰、周文港：《文咸街里：東西南北利四方》（香港：中華書局，2020 年）等。

5　鄭寶鴻：《香港華洋行業百年 —— 貿易與金融篇》（香港：商務印書館，2016 年），第十四章。

6　余杰鋒：〈香港和芳家族後人到荻風彩堂參觀〉，網址：http://www.dhfct.com/News.asp?aid=933，瀏覽日期：2021 年 5 月 16 日。

商人在清末民初叱咤風雲，他們以李煜堂（1851-1936）為首，在粵港兩地的政商界有着龐大影響力。[7]

隨着人口迅速增長，香港島的土地不敷應用，1860年《北京條約》簽訂後，香港政府大力發展新近從清政府手上取得的界限街以南的九龍半島，以釋出更多可供使用的土地，九龍區人口因此大增。早期，位於油麻地的上海街是九龍區最繁盛的商業區，建成於1887年，由於建街時已設有警署，所以最初也被稱為「差館街」（Station Street）。1909年，香港政府重整街道，考慮到香港島也有一條街道名為「差館上街」，為免重覆，於是改稱上海街，一直沿用至今。[8] 從前，上海街金舖林立，其中一個原因是它靠近油麻地避風塘，附近的艇戶和水上人成為上海街金舖的重要顧客群。雖然油麻地避風塘要到1909年香港政府通過了《建築避風塘條例》後才在今日的渡船街正式建立，但是翻閱香港舊照片，不難發現早在十九世紀八十年代，不少漁船已在油麻地對開海面停泊。數上海街歷史悠久的老字號金舖，現時仍然屹立於上海街201號地下的「老字號」胡和盛金舖是其中之一。胡和盛金舖早在1892年（清光緒十八年）開

7　Stephanie Po-Yin Chung, *Chinese Business Groups in Hong Kong and Political Change in South China 1900-1925* (New York: Macmillan Press Ltd., 1998), chapter 4. 李煜堂出生於廣東台山，年輕時曾在廣州習醫，後隨兄長到美國經商，回港後創辦金利源，經營藥材生意。1902年，李煜堂與友人合資創立聯益公司，進軍當時由外資壟斷的保險業，隨後創辦康年、聯泰、羊城、聯保等人保險公司，有「保險大王」的美譽。同時，李煜堂投身革命事業，加入由孫中山領導的同盟會，進行反清活動。辛亥革命成功後，李氏曾在廣東政府擔任財政部長，在他的推薦下，不少四邑人士都位居要職，而他與香港政經界人士例如何啟、韋玉等關係密切。有關李煜堂的生平，參劉智鵬：《香港早期華人菁英》（香港：中華書局，2011年），169-173。

8　蕭國健編：《油尖旺區風物志》（香港：油尖旺區議會，2000年），128。

業，至今已有超過一個世紀的歷史。該號多年來只曾搬遷過一次，但從未有離開上海街。[9]

　　水上人對金飾情有獨鍾，尤其是光身的戒指（即沒有花痕），他們稱之為「水泡餅」。他們喜歡使用繩子將戒指一串串地串起來，繫於褲頭上。水上人長居海上，起居飲食全在船上或海邊，又經常出海打魚，若存放大量銀紙，一旦被海水弄濕破損，或不慎跌進水裏，就會血本無歸，金飾戒指就沒有這方面的擔憂。此外，遠洋作業，若不幸遇上海盜，他們所攜帶的金飾也可作為江湖救急或保命之用。[10]

　　從前，金舖在貨源上主要依靠自家製作，無論種類及款式，都難以與今日相提並論。根據天和金舖於 1916 年 8 月 1 日在《香港華字日報》所刊登的廣告，該店位於上環著名酒家杏花樓斜對面不遠處，不少顧客都是中上階層的華人，所以除了出售金飾、錶鏈、戒指外，還有價格較高昂的珠鐲及當時在華人社會尚未流行的鑽石，該店以價格公平、貨真價實、絕不欺人作營業宗旨。[11]另一間位於皇后大道中 282 號的榮華金舖，所出售貨品包括金簪鐲、全金鐲、金耳環、金錶鏈、金戒指、銀鐲、各項銀器等；此外，舖內存金大約三百兩，以備打金師傅製作金飾之用。[12]及至三十年代，金舖所出售貨品的種類與前大同小異，包括光身與花樣金鐲、牛鼻圈鐲、足金鐲、薄金鏢鍊、金頸鍊、金戒指等，

9　甘穎軒：〈訪張偉南先生、張汝榮先生，2021 年 3 月 20 日〉。
10　同上。
11　《香港華字日報》，1916 年 8 月 1 日，4。
12　《香港華字日報》，1919 年 5 月 8 日，3。

普遍刻有製作店號的字樣。[13]

　　戰前，粵港兩地金舖在業務上有不少聯繫。1929 年 10 月，美國紐約華爾街出現股災，觸發全球性經濟大蕭條，在金本位制度下，歐美各國競相向外大量採購黃金，以紓緩國庫黃金儲備枯竭的情況，其中一個渠道就是通過香港各大銀行間接代購，由於短時間內市場對黃金的需求大增，造成黃金價格不斷上漲。而當時香港的黃金價格高於國內，加上黃金的出口管制並不嚴格，所以吸引來自廣東省的金舖將金條運來香港出售。普羅百姓持金飾者，除了日常穿戴，還有投資的考慮，所以當黃金價格處於高位時，大多會將手上持有的金飾出售，兌換成現金。當時，有廣州金舖視收買舊金飾為一門賺錢生意，他們在鄉間收買舊金飾，將之熔成金條，再運往香港善價沽售，令香港金飾業在這段時期生機處處。[14]

　　踏入二十世紀三十年代，國內政局動盪，加上日本軍國主義步步進迫，為了分散投資風險，不少企業紛紛南下，在香港或澳門設立分號，金舖行業也不例外。1937 年抗日戰爭全面爆發，日軍在開戰初期勢如破竹，國民黨軍隊節節敗退，華北和華東大片土地迅即陷入敵手，翌年廣州失陷，貨源供應更為嚴峻，黃金來貨價格日高，粵省金舖不論是將金飾出售予本地殷富人家或各大銀行，利潤都較前減少，金舖行業的經營環境大不如前，不少店號不得不思考前路。[15]周大福是現時本港著名的珠寶金飾集團之一，始創於 1929

---

13 《天光報》，1937 年 1 月 21 日，4。

14 《香港工商日報》，1930 年 8 月 28 日，6；另參〈金舖高價收買金舖，轉售香港國洋行〉，《中華實事週刊》，1930 年 7 月 5 日，9。

15 陳大同：《百年商業》（香港：光明文化事業公司，1941），33。

年，[16] 它的取名，是借用中國傳統賀詞「五福臨門，大富大貴」，讓顧客直接聯想起財富、地位和好運氣，契合普羅大眾的心理和期盼。[17] 周大福最初在廣州開店，1937 年順德籍店東周至元（1900-1971）因應時局發展決定將店遷往澳門，在舊商業區草堆街開業；兩年後，設立分舖於香港皇后大道中 148 號。不過，周至元仍然以澳門為重心，只委派一名親信管理香港的分舖和工場。[18] 除了周大福外，也有金舖選擇結束廣州的業務轉而遷往香港復業，例如位於皇后大道中的廣信金舖，原在廣州經營，生意不俗，惟當廣州於 1938 年失陷後停業，並於 1940 年 11 月在香港重新開業。[19]

在 1938 至 1941 年間，香港金飾業一片繁榮，部分可歸因於中日戰事持續，大量國內民眾避居香港，在生活艱困下，不得不忍痛將手上持有的金器變賣。其次，股票市場受到環球時局不穩定所影響，波動頻繁，不少投機者放棄申鈔、股票等投資產品，轉而炒賣純金葉，[20] 連帶金舖的生意大增，獲利豐厚。此外，當舖的斷期金飾眾多，由於不少投押金飾的難民，到期時仍無力贖回，當舖最後唯有將斷當的金飾以賤價變賣予金舖。另外，有部分富有人士認為在風雲

---

16 王惠玲和莫健偉曾對周大福的始創年份進入深入的研究，但始終無法找到有力的證據能夠具體說明，故筆者採用周大福集團官方的說法。參王惠玲、莫健偉：《鄭裕彤傳 ── 勤、誠、義的人生實踐》，第二章。

17 周大福企業文化編制委員會：《華·周大福八十年發展之旅》，13。

18 〈源遠根深：周大福珠寶的早期發展〉，取自周大福珠寶集團官方網站，https://www.ctfjewellerygroup.com/tc/group/history/story-1.html，瀏覽日期：2021 年 5 月 31 日。

19 《大公報》，1940 年 12 月 2 日，6。

20 金葉一般薄如蟬翼，質地柔軟，因易於貼身收藏及分拆出售而廣受當時的消費者歡迎。

變幻不測的世界裏，任何軟性的貨幣鈔票皆不保值，唯有硬
貨的金器，始能永遠保持其價值，故不斷向金舖搜買，在買
賣成交之間，金舖也會獲得不菲的利潤。[21]

在 1941 年香港淪陷前，從事金飾買賣的商號為數不
少。根據筆者綜合多份當時出版的年鑑、旅遊指南和名錄資
料所作的統計，在 1940 年全港有近二百間從事金銀首飾業
的商號，當中部分商號也有經營珠石玉器的生意。在港島
區，大部分商號集中在中環和上環一帶，當中尤以皇后大道
中最為集中，該處大部分商號皆有設立電話線，反映客源主
要來自該地區的上流社會及殷富階層。另外，位於皇后大道
和荷里活道之間的上環弓弦巷，當時是低下階層的主要聚居
地，這裏也有為數不少的金舖，反映當時華人買金作投資或
保值是跨階層的共同行為。至於九龍區，大部分有記錄的商
號都是位於上海街，其次是附近的廟街，金舖的數量遠遠超
過同為華人主要聚居地的深水埗和當時仍屬新開發區的九
龍城。[22]

戰後初期是國內金舖行業遷港的另一個高峰期，造就
了香港金飾業的蓬勃發展。抗日戰爭剛剛結束，旋即爆發
國共內戰，國民政府穩定經濟的政策完全失敗，導致金融
動盪，國幣大幅貶值，金舖受制於嚴苛的管制，幾無生意
可言，與其鋌而走險轉為黑市經營，倒不如結束在國內的

21 《大公報》，1940 年 11 月 21 日，6。

22 詳參香港九龍商業分類行名錄出版社：《香港九龍商業分類行名錄》（香港：香
港九龍商業分類行名錄出版社，1939）；協群公司：《香港華僑工商業年鑑》（香
港：協群公司，1940）；港澳商業分類行名錄出版社：《港澳商業分類行名錄》（香港：
港澳商業分類行名錄出版社，1939）；及陳公哲：《香港指南》（長沙：商務印
書館，1938），69。

生意，遷往香港復業，冀能闖出一番新天地。[23] 在這段時間遷往香港的國內金舖不乏知名店號，例如現時已是香港上市公司的周生生就是一例，周生生的創辦人是周芳譜（？－1947），他最初在廣州從事金飾行業，開設多間金舖。1934年，他在廣州開設第一間周生生金舖。周生生的取名，有「周而復始，生生不息」的寄望。雖然因戰爭的關係，周芳譜被迫關閉廣州的店面，卻分別在湛江和澳門重新開設周生生金舖。周芳譜過身後，三名兒子周君令（1923－2017）、周君廉（1928－2016）和周君任（1929－2001）於1948年到香港擴充業務，在上海街開設店舖，仍然沿用周生生作店號。[24]

　　戰後，香港金舖的數量比戰前有顯著增長，由1941年的131間大幅增加至1949年的197間（見表1）。[25] 1949年，香港政府將全港金舖按其存金的數量劃分為三個等級，中環皇后大道中及油麻地上海街仍然是全港金舖最集中的地段，其中皇后大道中的註冊金舖共有67間，其中15間屬第一級別，30間屬第二級別，反映這個地段在戰後初期仍然是富裕階層的聚居地，居民普遍的消費能力較其他地區高。相反，油麻地上海街雖然在當時是九龍區的核心商業地段，但全區共51間金舖中，只有1間屬第一級別，超過半數的註冊金舖屬第三級別，可見在附近居住的居民普遍屬低

---

23 《華僑日報》，1947年5月11日，4。

24 "c.s.s. Jewellery Co Ltd v. The Registrar of Trade Marks [2010]," HCMP2602/2008 (11 January 2010). https://vlex.hk/vid/c-s-s-jewellery-845292095，瀏覽日期：2021年5月31日。

25 香港珠石玉器首金銀首飾業商會：〈戰前後金飾商數調查表〉，HKRS41-1-4896-1，香港特別行政區政府檔案處。

下階層，消費能力較弱。其他較多金舖集中的地區包括港島區皇后大道東和西、灣仔莊士頓道、干諾道和擺花街、筲箕灣東大街、九龍區深水埗北河街、荃灣眾安街、旺角彌敦道、離島區大澳等，這也從側面反映戰後初期華人聚居的狀況。[26]

表 1：戰前和戰後金飾商號數目之比較

年份	金飾商數		
	香港區	九龍區	合計
1941 年	87	44	131
1949 年	126	71	197

資料來源：香港珠石玉器金銀首飾業商會：〈戰前後金飾商數調查表〉，收錄於檔案編號 HKRS41-1-4896-1，香港特別行政區政府檔案處。

◎　金舖的經營與業務

在第二次世界大戰前，香港大部分金舖的規模很小。以 1937 年位於深水埗北河街 52 號的大盛金舖為例，該店號雖然位處深水埗最繁盛的地段，但只使用舖內一邊擺放飾櫃，店舖後端是打金師傅工作的地方，俗稱「功夫位」，全店只僱請數名店員及打金師傅。[27] 在油麻地上海街 243 號地下開業的中和金舖，規模稍大一點，全店的職工共有二十多人，除司理和若干名司櫃外，大部分都是打金師傅，不

26　相關檔案可參 "Possession of gold (goldsmith) order 1949," HKRS41-1-6706，香港特別行政區政府檔案處。

27　《天光報》，1937 年 2 月 2 日，3。

過，該店號也同樣只使用了左邊舖位買賣金飾。[28] 那麼，另
一邊的舖面又會被如何處置呢？從前，店號普遍會將舖位一
分為二，一半自用，另一半則闢作經營其他業務，或出租予
其他營業者經營，例如位於油麻地上海街 339 號地下的多
福金舖，其東主梁瑞泉只保留左面的舖面經營金舖生意，而
將右邊的舖面出租給正源玉器店。[29] 中環皇后大道中 210 號
地下天福金舖東主伍芬耀，同樣只使用店舖的右邊經營金舖
生意，並將舖面的左邊分租予陳志堂開設陳廣記珠寶玉器
店。[30] 部分金舖經營者由於財力不足，也會尋找其他經營者
共同承租舖位，例如在深水埗大南街 100 號地下的舖位，
左面是利興鐘錶舖，右面是昌興首飾金舖，二舖合租一個
商舖單位營業。[31] 在中環皇后大道中 204 號的華珍金銀首飾
店，也是與三興隆眼鏡銀器店合租一舖，左邊是華珍，右邊
則是三興隆。[32]

　　戰後初期，使用半邊舖營業在金舖行業內仍然普遍，
例如油麻地上海街 401 號地下大名金舖只佔舖面的一邊，
另一邊則用作經營金銀找換業；[33] 灣仔莊士敦道 161 號地下
的大新金舖，一半的舖面是跌打醫館；[34] 近鄰莊士敦道 155
號地下的天祥金舖也只使用了左邊的舖面，而將右邊的舖面

---

28 《工商晚報》，1937 年 1 月 20 日，4；《天光報》，1937 年 1 月 20 日，3。

29 《香港工商日報》，1930 年 1 月 13 日，10。

30 《工商晚報》，1937 年 3 月 23 日，4；《香港工商日報》，193 年 3 月 23 日，9。

31 《香港工商日報》，1935 年 3 月 11 日，3。

32 《天光報》，1937 年 3 月 24 日，3。

33 《香港工商日報》，1946 年 9 月 18 日，3。

34 《華僑日報》，1949 年 12 月 11 日，11。

租予馮良記鐘錶店。[35] 長興東記金行的店東梁真將位於佐敦
彌敦道 340 號地下的店舖一分為二,一邊是賣金飾的長興
東記金行,舖面有兩呎長的玻璃飾櫃,出售的產品有金鍊、
牛鼻圈鐲、光身鐲、八仙公仔鐲、龍鳳鐲等;另一邊則開設
售賣舊墨水筆的金筆行。不僅如此,他為了增加收入,還購
入鄰近 338 號地下的舖位,開設伙食罐頭商店,並將兩舖
打通。[36]1958 年,印尼華僑麥錫權在油麻地彌敦道 570 號開
設信記金行,他將舖位一分為二,左面是信記金行,右邊開
設了信記傢俬夾萬公司。[37] 同樣的情況也見於大盛金舖,該
舖位於深水埗北河街 52 號地下,金舖位於店的右邊,左邊
則為大行鐘錶店。[38]

從前,由於店舖的金飾存量有限,所以大部分金舖多
只擺放單邊飾櫃,只有規模較大的金舖才會使用左右雙邊飾
櫃。戰後初期,香港政府實施金舖三等制,對每間登記金舖
的准藏金數量有硬性規定,雖然各級金舖的名單不時都會因
應店號的實際經營狀況而作出修訂,但是,除非店號主動申
請另一個級別的牌照,[39] 否則店號的藏金數量並不會有突破
性改變。由於當時金舖的貨品大多由自家僱請的打金師傅一
手一腳打造,所以金舖藏金數量多寡直接影響了它的存貨

---

35 《工商晚報》,1946 年 3 月 28 日,4。

36 《工商晚報》,1948 年 5 月 18 日,4。

37 《工商晚報》,1959 年 4 月 23 日,4。

38 《香港工商日報》,1952 年 7 月 29 日,5。

39 有少數金舖曾成功申請上一個等別的牌照,例如 1950 年 9 月永信金舖、忠昌
金舖和泰山公司金飾部(位於軒尼斯道 384 號)從丙類名單表移列乙類名單表。
永信金舖屹立於港島莊士敦道 145 號;而忠昌金舖和泰山公司金飾部同位於港
島軒尼斯道,前者位於 414 號,後者的店面則在 384 號。見《華僑日報》,
1950 年 9 月 9 日,7。

量。當然，每逢旺季，買金者眾，店號的貨存量或會供不應求，向鄰近友好的商號借金以解燃眉之急，是當時慣常的做法。[40] 不過，借金的數量是有限制的，根據行規，每次最多只可借十兩，因為害怕途中被賊人搶劫，待貨品賣出後還了錢才可以再次借金。當貨品被成功售出後，本錢要歸還予借出黃金的店號，工錢則依照公價向買家收取，兩號均分。[41]

踏入五十年代，金舖所出售的金飾種類不多，最普遍的是婚嫁用的龍鳳鍊和龍鳳鐲，款式較為簡單，多是梅花形、鵝蛋形、圓形或三角形等，並刻上簡單的文字，如人人富貴、出入平安、百年好合、永結同心等。[42] 不過，金舖的存貨量卻較戰前有所增加。戰前轟動全港的金舖械劫案，被劫金舖損失的金飾總值最多也僅數千港元，[43] 但在 1952 年 9 月 27 日發生於港島皇后大道西 183 號地下榮興金飾行的械劫案，案中金舖損失金飾總值港幣 21,071 元，被劫走的貨物包括金鍊鐲 35 隻，總值 7,300 元；金戒 15 隻，總值 1,300 元；金手鐲 39 隻，總值 5,100 元；金鍊 56 條，總值 6,700 元；金墜 6 個，總值 540 元；金牌 10 隻，總值 90 元；紅藤鐲 6 隻，總值 12 元；小童手鍊 1 條，總值 22 元，及小童戒指 1 隻，總值 7 元。[44] 由此可見，戰後初期香港社會雖然稱不上富裕，但本港居民的購買力明顯較戰前提升，金

---

40 《工商晚報》，1948 年 2 月 16 日，4；甘穎軒：〈訪吳振騰先生，2020 年 12 月 3 日〉。

41 馬木池：〈伴我成長的故事 —— 周大福珠寶金行有限公司史略〉，《華．周大福八十年發展之旅》，288。

42 甘穎軒：〈訪吳振騰先生，2020 年 12 月 3 日〉。

43 《香港工商日報》，1939 年 5 月 31 日，9。

44 《大公報》，1952 年 9 月 28 日，4。

舖的存貨也較以往多；此外，從失竊的貨品名單中也反映金舖開始注意兒童的市場，打金師傅會為小童特別製造首飾。

　　以家族為主體是近代中國商業文化重要的一環，在家族式企業裏，公司的擁有權、經營權及繼承權皆牢牢地掌握在家庭成員或家族中人的手裏。戰後，本港大部分金舖仍是家族式經營。以胡和盛金舖為例，它的創辦人是東華三院及廣華醫院前總理胡寬，及後傳交其子胡錦興打理，後來，胡錦興再交予他的大舅張泉海繼續經營；近年，張泉海仙遊後，則由其弟張偉南接手經營。[45] 張偉南在接手胡和盛金舖前，曾於上世紀七十年代在油麻地上海街開設雅麗珠寶玉器店，從他向筆者展示的舊相片所見，他的妹妹也曾於該店裏工作，可見張氏一家與金飾珠寶有不解的關係。此外，周生生集團最初由周芳譜於廣州獨資創立，後來由周君令、周君廉和周君任昆仲繼承，並在香港發揚光大，在權力繼承和交接上，是有序地進行，大哥周君令是第二代領導層的核心人物，於 1973 至 1986 年間出任周生生的總經理兼集團主席，1986 年以 63 歲之齡卸下總經理職務，只留任集團主席，1990 年轉任集團名譽董事長及非執行董事，完全將集團日常營運的工作交予弟弟周君廉；周君廉於 1986 年繼承兄長出任總經理，1990 年接棒出任主席，2013 年周君廉已年屆 87 歲，他離開集團的領導核心也是按部就班，先於 2013 至 2015 年間改任執行董事，保留在集團日常事務上的影響力，確保在他的「監督」下新一代可以順利接棒，直至

45　甘穎軒：〈訪張偉南先生、張汝榮先生，2021 年 3 月 20 日〉。

2015 年再改任非執行董事，完全離開權力核心。在周君廉
仍然執掌集團時，第三代接班的準備工作已在悄悄地進行，
1998 年當周君廉卸下集團總經理職務時，接任的是其兄長
周君令的兒子周永成，當時周永成已在周生生工作了十多
年，對集團一切營運事宜已是相當熟悉，2013 年再從叔父
手中接任主席，正式完成二代到三代的權力交接。第三代領
導層以周永成為核心，董事局內另有兩位周氏家族的後人，
分別是周敬成和周允成，皆是二代周君任的兒子。雖然周敬
成本身是一名醫生，但卻積極參與周生生的事務，自 1985
年起擔任集團董事；周允成是周敬成的胞弟，也於 1985 年
開始擔任董事，1995 年擔任副總經理至今，輔助堂兄周永
成，統籌集團於大中華的珠寶業務的產品開發與培訓發展工
作。值得留意的是，現時集團的執行董事只有周永成、周敬
成和周允成三人，其他董事局成員只擔任非執行董事，由此
可見，周生生雖然已有超過八十載的歷史，但作為家族式企
業，權力仍然牢固地掌握在周氏後人的手中。[46]

　　當然，以宗族、鄉黨、朋友關係為基礎合資做生意，
在近代中國的商業世界裏是相當普遍。戰前位於九龍城衙前
圍道 5 號地下的天隆金器玉石首飾店，是由黃柏江及其叔
父黃杜和合資開設。[47] 周大福在開業時，除了周至元，還有
周氏的同鄉周仲漢，前者負責主持日常店務工作，後者則負
責生產業務，兩人以合股方式持有該金舖。除了周大福，
兩人也以同樣方式在廣州合作開設天寶、大南、大福、裕

46　綜合多年周生生集團國際有限公司的年報資料。
47　《工商晚報》，1931 年 6 月 20 日，3。

祥、天吉等多家金舖，行業內稱這種方法為「圍內」。馬木池指出，由於當時國內資本市場仍未曾發展成熟，商人主要依靠個人的人際網絡進行集資，所以以合股形式經營金舖是很普遍的。[48] 上世紀五十年代，周至元和周仲漢二人有感年事已高，萌生退意，遂將股份全部轉售予周至元的女婿鄭裕彤。[49] 在此之前，鄭裕彤曾與友人劉紹源、鄧鴻森和胡有枝合資經營西盛金舖，但鄭裕彤本身沒有參與太多西盛的業務，該舖的日常店務由胡有枝主持。[50] 鄭裕彤接手周大福後，延攬他的弟弟鄭裕榮、鄭裕培及鄭裕偉加入，分別掌管櫃面營銷、財務會計及採購珠石。[51] 可見，周大福由合股公司逐步邁向成為家族企業。鄭裕彤於 2012 年正式退休，只保留名譽主席一職，繼承人是他的大兒子鄭家純，擔任主席兼執行董事，掌握實權。除了鄭家純外，鄭裕彤也讓他的兩個孫子鄭志剛和鄭志恆擔任執行董事，協助鄭家純打理業務。[52]

從前，金舖內的貨存量不多，如果現貨的款式或數量未能滿足顧客需要，或會由店內的打金師傅因應顧客要求製作金飾。一般的程序是客人先下訂金，待店舖完成製作後，交貨時再付尾數，這種做法可以保障店方利益，避免因貴客

48　馬木池：〈伴我成長的故事 —— 周大福珠寶金行有限公司史略〉，251。

49　有研究者指出，周、鄭兩家早有淵源，鄭裕彤的父親鄭敬詒是周至元的好友，兩家人早有指腹為婚的約定。1940 年，鄭裕彤被父親送到澳門的周大福金舖當學徒，由於天資聰敏，勤奮好學，深得周至元所喜愛，未足三年已學滿師，並升任掌櫃，更迎娶周至元的女兒周翠英為妻，既是周至元的乘龍快婿，也是生意上的得力助手。見陳雨：《黃金歲月：鄭裕彤傳》，第二章。

50　馬木池：〈伴我成長的故事 —— 周大福珠寶金行有限公司史略〉，305-306。

51　同上。

52　鄭宏泰、高皓：《可繼之道：華人家族企業發展挑戰與出路》，116。

臨時變卦而蒙受損失。但是，在生意淡泊時，店舖偶然遇上
大額生意，為免得失客人，有時候也會作彈性處理，盡量遷
就客人的要求。戰前，有金舖冒着被騙或被劫的風險，安排
店員將金器直接送往客人的府邸，不過，礙於當時的交通條
件及店舖人手緊絀，交收地點一般會安排在距離店舖不遠的
地方。[53] 有顧客會自攜珍珠或鑽石，要求金舖內的打金師傅
按其需要將之鑲在金飾上，雙方商議價格，再約定時間往金
舖內取貨。如果遇上工序較為繁複的，店號或會將之送往工
場處理，那需時就更長了。[54]

　　今時今日，人們遇上一時困境，急需大筆金錢周轉，
大多會想起向銀行商借私人貸款應急。不過，在二十世紀初
的香港，普羅大眾對於銀行感到陌生，遇事急需款項應急，
除了向親朋戚友商借或到當舖典物外，就只有將持有的金飾
出售。市民向金舖出讓金飾以換取金錢應生活之急，在戰後
初期的香港社會相當普遍，大量從國內南下香港的富有人
家，紛紛前往金舖拋售黃金或金飾，「套現」以應付在香港
的生活開銷或謀求在生意上東山再起。[55] 金舖收購顧客手上
的金飾都有既定程序，當顧客手持黃金或金飾到店號求售
時，店員會使用硝酸和鹽酸的混合液及試金石檢查該黃金或
金飾的成色，確保金的成色合乎標準，金飾也非贋品。扣除
火耗及金飾上之焊口，計算實際價值後，再按重量計算價
格，如果求售者同意成交，店號會開出單據，並將款項一併

---

53 《香港華字日報》，1919 年 5 月 21 日，3 及《香港工商日報》，1931 年 5 月
　 20 日，9。

54 《香港工商日報》，1949 年 3 月 11 日，5。

55 《香港華僑日報》，1950 年 5 月 17 日，7。

交到求售者手中。[56] 另外，金舖也會因應顧客的要求而臨時溶鑄金條，顧客需先付訂金，待完成後再付尾數後提取貨品，商舖一般只收取港幣，拒絕接受國幣進行交易，蓋因當時內地在國民政府的統治下，政局動盪，經濟崩潰，貨幣不斷貶值，故金舖擔心一旦接受以國幣進行交易，會因兌換價下跌導致損失。[57]

對金舖來說，信譽重於一切，一旦失去，就無法再在行業內立足。戰前，不少金舖的廣告已特別強調「工作精美，誠實可靠」、「款式務求新穎價實，中外名傳」、「工良物美，如有低偽，永遠包換」等。[58] 在上世紀四五十年代，雖然從香港金銀貿易場零售交易的黃金是九九金，但在零售市場上所出售的黃金被發現屬偽冒或成色不足，在當時也屢見不鮮。[59] 有一些案件揭發有金舖聲稱所出售的金墜為足金，並在貨物上印有「足金」字樣，但經化驗後被發現只有外層是黃金，內心為銀質，將金墜熔解後，驗出黃金約佔62%，銀質38%。[60] 有見及此，鄭裕彤在接掌周大福後，於1956年推出999.9純金首飾（或稱四條九「千足黃金」的

---

56 《工商晚報》，1948 年 1 月 7 日，頁 4；《華僑日報》，1952 年 7 月 25 日，頁 6。具體檢測方法是將黃金在試金石上劃一下，然後在有劃道的地方滴幾滴混合液，如果劃痕消失，證明是黃金，如果劃痕沒有消失，就證明不是黃金。關於黃金檢測的方法，參唐克美、李蒼彥編：《中國傳統工藝全集第一輯，金銀細金工藝和景泰藍》（鄭州：大象出版社，2004），52。

57 《香港工商日報》，1946 年 6 月 25 日，4。

58 陳大同：《百年商業》（香港：光明文化事業公司，1941），36、38 和 63。

59 《華僑日報》，1949 年 9 月 7 日，6。

60 《香港工商日報》，1953 年 7 月 30 日，7。對於「足金」的定義，時任香港金銀首飾商會主席鄭樂就該案出庭作供時解釋，金飾上烙有「足金」二字者，則例不含雜質，如屬合金，則烙名 K 金字樣。購金飾者，如非特別聲明買 K 金首飾，則一律以「足金」金飾售之。行業中之金飾物，例無金包雜質之來夾心首飾。

承諾和品牌保證），這不僅在日後成為整個行業黃金首飾的
成色標準，更奠定周大福在本港普羅市民心目中信譽昭著的
印象。[61]

　　金舖內的貨品雖然貴重，但利潤卻並非如想像般豐
厚。金舖的利潤有很多是來自金器買賣時所產生的差價，以
市場價從金銀貿易場買入黃金，製成金飾後，再以較高的飾
金價售出，以及收取若干百分比的店佣和人工等手續費。然
而，金飾的開銷包括舖租、人工，及其他日常經營的雜費
等，負擔着實不輕。[62] 面對行業內激烈的競爭，各店號為了
保持生意，皆努力經營和維繫與客人之間的關係。戰後，有
金舖提供存金服務，顧客可以將金飾或現款存放在相熟的金
舖裏，並可隨時提取。不過，顧客所獲得的保障有限，因為
不少金舖並沒有開列正式的單據，只找來一張白紙寫上存金
或現款的數量，也不會蓋上印章確認，以往曾有金舖因內
部人事變遷，令顧客未能取回存放的款項，最終要對簿公
堂。[63] 上世紀六十年代，有金舖推出「供金會」，顧客每月
供款若干金額，一年多供滿後，就可以「執會」，購買與所
供款項同等價值的金飾。為了留住顧客，部分金舖每年會
送出一張酒樓的餐券予參加「金會」的顧客，期望他們來
年再來「做會」。其實，金舖在意的不只是「供金會」所產
生的生意，還希望積累和培養顧客，使之成為經常光顧的

61　祝春亭：《鯊膽大亨：鄭裕彤傳》，29。

62　《大公報》，1952 年 12 月 2 日，4。

63　《工商晚報》，1957 年 5 月 8 日，8。

熟客。[64]

　　當時，不少金舖有兼營貨幣兌換生意，由於買出、買入價不同，金舖從中可以賺取差價。以位於灣仔莊士敦道164號地下益昌金舖為例，左邊櫃面經營金器業，右邊櫃面則是關作經營錢銀找換和匯兌；[65] 在上海街和彌敦道各擁有一間店舖的大名金行，在它位於上海街的總行裏，就設有金飾部和兌換部，分設於店的左、右兩邊。[66] 金舖的兌換部每天都會接到電話報價或由行內人上門派發的行情紙，知悉各國貨幣的最新行情，一般較常見的外幣，例如美元、英磅、日元、馬幣、新加坡元等，金舖都會接受兌換。當然，金舖從事兌換生意並非只為賺取差價，也希望能吸引更多顧客進店，店員可順道遊說他們購買金飾或吸納他們將現款存進金舖裏，以增強店號的現金流。[67]

　　在六十年代初，內地出現大饑荒，不少香港居民在內地皆有親友，故經常寄運糧食回鄉接濟。當時，香港社會並非富裕，很多人被迫節衣縮食，縮減日常生活開銷，將省下的金錢用作購買糧食包。由於以往工人階層在獲發薪金後，大多會拿取部分購買金飾以圖保值或作投資，現在改為購買糧食包，所以金舖的生意無可避免受到影響。有見及此，部分金舖兼營代運糧包生意，以彌補生意上之損失。[68] 有金舖也會代客人辦理僑匯事宜，主要針對廣東省地區。據劉克斌

64　甘穎軒：〈訪張偉南先生、張汝榮先生，2021 年 3 月 20 日〉。

65　《工商晚報》，1947 年 5 月 12 日，4。

66　《大公報》，1958 年 3 月 25 日，4。

67　歐陽偉廉：《流金歲月：香港金業史》，31-32。

68　《華僑日報》，1961 年 7 月 27 日，7。

先生憶述，他在周生生分行任職時，每逢年關特別忙碌，不少人在大清早就會在分行前排隊等候辦理匯款，他還記得那時上班由早上開始抄寫匯款單至晚上關門止，所以對當時內地尤其廣東省的地址相當熟悉。僑匯業務並不能令金舖賺錢，因為金舖在每宗匯款中只會收取港幣兩至三元作為手續費，不過，金舖的人流會因此增加，店員會有更多機會向顧客銷售金飾。[69]

　　為了吸引人流，金舖除了金飾，也會出售其他商品。寶恒金舖是戰後初期本港規模較大的金舖，它所出售的物品相當龐雜，除了金銀珠寶首飾和玉石外，還有鐘錶、刀具、古董，甚至藝術品等。[70] 當時，周生生的分行除了售賣金飾，也會出售郵票和「馬標」。雖然受到法例所限，金舖不能收取高於郵票或「馬標」面額價值的費用，但此舉卻有助增加店舖的人流，變相令銷售金飾的機會增多。周生生的分行也有售賣手錶，初時只是售賣中下價的手錶，例如瑞士品牌奇士霍夫（Kirchhofer）、英納格（Enicar）、雷達（Roda）、天梭（Tissot）等，價值只有數百港元。不過，由於舖租高昂，在成本效益的考慮下，後來改為集中出售高檔次的品牌，例如英國的勞力士（Rolex）、瑞士的帝陀（Tudor）等。[71] 在七十年代中期，周生生售賣鐘錶的利潤佔

69　甘穎軒：〈訪劉克斌先生，2020 年 11 月 26 日〉。

70　〈Memoranium and articles of association of Po Hang Goldsmith Company, Limited〉，p. 6，收錄於香港特別行政區政府檔案處，檔案編號：HKRS114-6-748。

71　甘穎軒：〈訪劉克斌先生，2020 年 11 月 26 日〉。

集團的毛利一成二，其重要性不能低估。[72] 另外，由於香港普羅大眾的消費模式日漸西化，奢侈品例如鑽石等大受年青一代歡迎，部分金舖有見及此，開始經營鑽石的生意，例如周大福設有鑽石部，俗稱「石房」，專責處理鑽石的進出口業務。在七十年代，金舖出售的貨品更趨多元化。以歷史悠久的謝利源金舖為例，業務除了傳統的黃白金飾，還有珠寶、玉石、舊瓷古玩、翡翠擺件，並兼營鑽石入口及代理西德和意大利製造的首飾等。[73] 不過，並非所有金舖都會出售林林總總的貨品以吸引客源，例如郭明義先生在尖沙咀開設的金國首飾店，主要出售自家工場製作的金飾，有需要時或會聯絡其他「行街」補貨。[74]

在二十世紀七八十年代，部分規模較大的金舖逐步走向集團化，例如周大福、周生生等，它們內部也迎來了不少變革。有金舖嘗試打破傳統舖面一條長飾櫃的格局，將原來一個長十多呎的飾櫃改成多個長度較短的飾櫃，每個飾櫃大約長四至五呎左右，目的是希望吸引更多年青顧客，讓他們可以自由自在地在舖內閒逛，遇見合適的貨品才坐下來向店員查詢，從而減少壓迫感。不過，此舉無形中打破了金舖內傳統的階級觀念。傳統上，「頭櫃」、「二櫃」和「三櫃」在

72　周生生集團有限公司：《周生生集團有限公司 1975 年報》（香港：周生生集團有限公司，1976），7。

73　《工商晚報》，1973 年 8 月 10 日，7。謝利源金舖始創於清朝同治六年（1867年），創辦人是廣東南海人謝瑜堂，老舖位於澳門的紅窗門，在二十世紀初搬至營地大街 22-24 號地下。謝瑜堂有兩子，長子謝再生，次子謝永生。謝永生繼承了父親在澳門的老舖。香港謝利源是由謝再生的姪兒謝志超於六十年代自資在香港創立，與澳門老舖並沒有任何聯繫。有關謝利源金舖的歷史，見《工商晚報》，1982 年 9 月 7 日，1。

74　甘穎軒：〈訪郭明義先生，2022 年 4 月 25 日〉。

舖內的坐位是有特別安排，一般是沿着長飾櫃依序而坐，如果店面飾櫃較長，還有「四櫃」和「五櫃」等。這個安排容易造成「頭櫃」壟斷熟客甚至生意的情況出現，因為客人進入店舖，必定會先找相熟或能夠給予他最大信心的店員，那人當然非「頭櫃」莫屬，換言之，大部分生意都會由「頭櫃」來處理，當「頭櫃」正忙於招呼其他客人時，才會找「二櫃」幫忙，如果店號生意較為清閒，它們的「三櫃」和「四櫃」可能待在店中多月也無法做成一單生意，更何況資歷最淺的「尾櫃」或練習生，除非店舖生意暢旺，否則他們根本苦無機會鍛練做生意的技巧。但在新安排下，店員即使資歷較淺，也能獨當一面，管理客人，做成大生意，大大增加未來獲得晉升的機會，有助吸引年青人入行，為金飾零售業注入更多新血。[75]

在二十世紀末，科技發展一日千里，電腦被廣泛應用在商貿上，以增加管理效率。香港的金飾業也與時並進，部分龍頭企業開始在貨品管理上實施電腦化。以周生生為例，它們利用電腦去統計買賣資料，並完成配貨、造貨和發貨等步驟。早在七十年代，周生生與香港生產力促進局（HKPC）合作，編寫軟件程式，方便前線員工在開單後，相關資料通過電腦會立刻被傳送往後勤部門進行編貨。劉克斌是當時在周生生內推動電腦化的主將之一，他憶述，那時候最大的困難不是怎樣使用電腦編程，而是如何在分行裏推動電腦化，金舖的顧客絕大部分是華人，金舖的單據傳統上是使用中文

75　甘穎軒：〈訪劉克斌先生，2020 年 11 月 26 日〉。

手寫的，當時大部分營業員對電腦一竅不通，不懂如何利用鍵盤輸入中文字，加上當時的電腦編程主要是使用英文，令營業員難以掌握當中的流程和步驟。而且，當時普遍使用的電腦型號，不論是 286 還是較新的 486，作業系統還稱不上穩定，經常當機，所以在推行電腦化初期實在有點吃力。不過，電腦化在行業內是大勢所趨，所以周生生也只能鼓勵前線同事返回後勤多作練習，逐步讓他們熟習系統的運作，提升個人技能以適應公司的未來發展。最終，花了大約兩年時間，電腦化最終取得了成功。[76]

　　隨着電腦在行業內逐漸普及，一些大型連鎖金飾企業開始思考如何運用電腦系統提升企業內部的管治能力。從前，周大福各個分行是相對獨立的，分行經理儼如分行的「老闆」，可以根據自己對市場的認識和經驗，處分店內的大小事情，包括安排員工培訓、編寫開店流程、決定營業策略及管理貨物等。分店之間不僅不會共享資源，反而會相互競爭。踏入九十年代，香港經濟繁榮，內地走上開放改革之路已歷十餘載，中港貿易愈趨頻繁，周大福希望把握這個時代契機，在中港兩地大展拳腳，加速擴展的步伐，於是在 1994 年成立行政部，引入現代管理制度，整合全公司資源，加強中央部門對各分行的管理和統籌能力。電腦在這方面發揮了重要的作用，例如由中央部門統一發單、建立貨場系統、進行貨物管理、統一貨品的規格及價格等，同時分店的服務、場景，和裝修也進行標準化，以配合集團企業化的

76　同上。

長遠發展。當時在周大福擔任行政部主管的黃紹基先生坦言，分店經理的權力無可避免是被削弱了，但對其領導和溝通能力則有更高的要求，分店經理必須懂得如何帶領團隊配合公司的政策，及向公司表達你和下屬們的需求。[77]

時至今日，不少行業都出現汰弱留強的情況，金飾行業亦然。雖然胡和盛金舖的張偉南在接受筆者訪問時，表示深信老金舖仍有它們自己的市場，依靠老字號和優良的口碑，及多年來與街坊建立了深厚的感情，有力與集團式的大型金舖競爭。[78] 不過，相比以往油麻地上海街金舖林立的情況，現時的上海街是冷清了不少，根據筆者在現場的觀察，現時整條街只有寥寥數間金舖繼續經營，反觀彌敦道一帶，人流眾多，集團式的大型金舖紛紛進駐，建立旗艦店，生意暢旺。近年，集團式金舖銳意拓展年輕人的市場，投放大量資源在市場推廣上，例如邀請流行偶像拍攝宣傳廣告，產品上也走向多元化，例如與知名的卡通人物作 Crossover 等。而且，大集團不論在人事管理、生產和營運成本控制、全電腦化操作、品牌效應等多個範疇都擁有不少優勢，這些都是小店號所難與之相比較。[79]

◉　針對金舖的劫案與保安

上世紀三十年代，香港社會動盪不安，經濟不景氣，

77　甘穎軒：〈訪黃紹基先生，2021 年 3 月 30 日〉。
78　甘穎軒：〈訪張偉南先生、張汝榮先生，2021 年 3 月 20 日〉。
79　錢華：《因時而變：戰後香港珠寶業之發展與轉型》，87。

人浮於事，貧窮問題嚴重，中日戰爭爆發令國內難民大量湧入，他們當中有部分人因生活拮据，鋌而走險，對治安構成嚴重衝擊。金舖的貨品大多是價值連城的金銀玉器首飾，難免會引起賊匪覬覦，尤其是年關將近，各類專門針對金舖的盜竊、搶劫，甚至持械行劫等更是經常發生。各店號為了自保，減低損失，店員皆持有一個笛子，一旦遇上賊匪光顧立刻鳴笛召救。[80] 此外，店號除了派遣年輕學徒留宿店內，也會在門外加裝鐵閘。[81] 有些店舖為了加強保安，甚至會於後門多加一道鐵閘，及在玻璃飾櫃外加裝銅枝、鐵枝等。[82] 警鐘也是當時流行的防盜設施，不少金舖的警鐘是直達駁通附近的警署，遇有竊匪不慎觸碰警鐘，警署就會立刻通知在附近巡邏的警員前來搜捕。由於當時不少金舖的經營者是前舖後居，店舖及工場位於地下，店東及其眷屬則居於樓上，方便照應，所以部分店號的警鐘是接駁到店東家中。[83]

　　警察當局十分關注針對金舖的劫案。戰前，不少嚴重的金舖劫案都是發生在晚上大約七時至八時之間，對於大部分金舖而言，這個時段是人手最緊張的時間，因為晚膳完畢後部分店員會外出閒逛或處理私人事務，以至留守舖內的職工人數較少。當時，大部分金舖都是大約八時左右關門，[84] 店員大多會於接近關舖前將金飾從飾櫃裏取出進行盤點，完

80　《工商晚報》，1933 年 1 月 20 日，4。

81　《工商晚報》，1931 年 6 月 20 日，3。

82　《香港工商日報》，1937 年 5 月 27 日，9；《大公報》，1938 年 11 月 14 日，6。

83　《香港工商日報》，1930 年 1 月 13 日，10。

84　戰前，金舖沒有統一的營業時間，一般在早上八時至九時左右開門營業，關門時間則大約於晚上八時至九時，部分位處繁忙地段的金舖甚至會營業至晚上九時半才關門。

成後再將部分較貴重的放回內櫃裏，雖然如此，但本着待客
之道，只要在關門前仍有客人前來購買金飾，店員也會殷勤
招待。從前，街燈數量不多，晚上較為昏暗，人流也較稀
疏，賊匪得手後容易逃脫，故當時不少金舖劫案都是在晚上
七時至八時左右發生。為了遏止針對金舖的嚴重罪案，警察
當局早期曾要求金舖於晚上六時後即行上鐵閘，而沒有鐵閘
的店號也要將舖櫳頭的飾櫃搬進舖內。[85] 後來，考慮到臨近
年關賊匪猖獗，警察當局每年都會召集地區上各金舖的負責
人開冬防會議，勸喻金銀首飾業商在臨近農曆新年前夕，提
早收市，直至夏曆年開始止。[86]

　　同時，警方也會加強在地區上的巡邏，在金舖林立的
地區包括中區、東區、尖沙咀和油麻地等組織巡查隊，早晚
出動巡邏。各區的巡查隊由英籍警目或華探長率領印裔和華
裔警員共十人為一隊，巡查隊的警員在執勤時除了佩備短
槍，也手執一支大木棍，較普通警棍長三英尺，相比當時倫
敦警察的警棍長一倍，以加強對賊匪的震懾作用。在巡邏
時，巡查隊大多以兩人以上為一組，行踪不一，沿途查緝，
甚至會乘搭巴士，截查可疑人士，務求令賊匪們不敢輕舉妄
動。另外，各區警署也會於晚上六時至八時派出便裝華警駐
守於金舖門前，以防範劫案發生。雖然如此，這些措施也未
能釋除部分大金舖的憂慮，為加強保安，它們也有向中區警

---

85 《香港華字日報》，1919 年 5 月 21 日，3。

86 《香港工商日報》，1937 年 2 月 6 日，10；《大公報》，1938 年 11 月 14 日，
　　6。當時位處不同地區的金舖的收市時間各有不同，九龍區的金舖因應警方的呼
　　籲，大多提早於晚上六時至六時半關門，但仍有少部分位於九龍城、深水埗等
　　地區的金舖未有理會，仍然維持於晚上八時收市；至於港島區皇后大道中一帶
　　的金舖，由於大多已經自行聘請護衞，故未有提早收市。

署申請聘請印裔護衛在下午駐守店外，以防範於未然。[87]

　　正所謂「遠親不如近鄰」，中國傳統文化強調鄰居之間互相幫助、互相關照，這種精神在面對當時治安不靖的社會尤其重要。戰前香港的警力不足，港九各區的金舖為求自保，唯有自發聯合起來，共同籌謀。以 1931 年上環區的金舖同業為例，各店號的代表經過磋商後，共同草擬了具體的聯防辦法：各店號派出一人，當區內任何一間金舖遇有賊匪光顧，召救的笛聲響起時，共同趕往事發地點支援；倘有因參與聯防而受傷或死亡者，撫恤金由各店號共同承擔。[88]

　　港島區的金舖於戰後初期仍然維持店號間互相合作聯防的防盜策略。1946 年，香港金銀業首飾商會議決組織武裝巡邏隊，在灣仔、中上環一帶的金舖密集巡邏，以防範歹徒，保營業安全。巡邏隊的組織方法，原則上是每間商號出資僱請一人，財力不足的商號可以以合資的方式僱請一人。巡邏隊最初成立時有 27 人，後來增至超過 30 人，成員包括中、印人士，大多由警察當局挑選或推薦，月薪約港幣 150 元，每日工作八小時，當值時手臂上有紅色臂章，上面寫有受僱金舖的中英文白字，以資識別。巡邏隊在執勤時所持的來福槍和子彈全部是由警察當局借出，平日在金舖外荷槍站崗守衛，遇事則互相應援。[89] 不過，警察當局以資源緊張為由，不足一年，即提出收回所借出的槍械，並要求商號

87　《香港工商日報》，1937 年 7 月 20 日，9。

88　《工商晚報》，1931 年 10 月 12 日，3。

89　同參《工商晚報》，1946 年 6 月 27 日，4；《香港工商日報》，1946 年 7 月 8 日，4；《工商晚報》，1946 年 7 月 12 日，4；《香港工商日報》，1946 年 8 月 6 日，4。

自行出資購買獵槍自衛；即使部分店號一時未能購買槍械，也只願意給予通融延期收回。[90]

戰後初期，香港人口急劇膨脹，1955 年已達 255 萬人，較十年前增長了超過四倍，[91] 然而，經濟民生條件卻未能跟上，社會安全網制度也未及建立，社會上人浮於事，為生活鋌而走險者眾。香港社會治安不靖，防範劫案發生有賴警民合作，冬防期間金舖的營業時間仍是由警察當局與各金舖負責人協商決定。1947 年，九龍區各大小金舖與警察當局協議提早於晚上六時半結束營業，警方則加派警員在區內金舖眾多的地段巡邏，以阻嚇匪徒。[92] 翌年，廣生金舖在冬防期間遇劫的事件轟動全港，喚起上海街內各金舖對區內治安的擔憂，九龍珠寶玉石首飾商會於是召開緊急會議商討對策，主動向警察當局提出將收市時間由平常的晚上八時提早至傍晚六時。[93] 不過，農曆年前是金飾業的傳統旺季，在這段時間內縮短營業時間，對金舖的生意肯定有所影響，因此，有部分店號被發現以生意為由，未有遵照商會或警察當局的勸喻，提早結束營業時間。[94] 另外，警察當局也曾邀請香港島和九龍區二百多家金舖的司理或負責人，在中央警署開會，除了了解各金舖的防盜措施及如何進行聯防守衛外，

---

90 同參《華僑日報》，1947 年 5 月 3 日，4；《華僑日報》，1947 年 5 月 14 日，3；《華僑日報》，1947 年 5 月 17 日，3。

91 Census and Statistics Department, *Hong Kong Statistics, 1947-67* (Hong Kong: Census and Statistics Department, 1969), 14.

92 《工商晚報》，1947 年 12 月 8 日，4。

93 《工商晚報》，1948 年 11 月 11 日，4。

94 《華僑日報》，1949 年 12 月 12 日，8。

還向各店號代表講述最新的防盜辦法。[95]

　　雖然如此，但金舖出售的金銀首飾珠寶皆價值連城，容易成為賊匪的目標。為了在不幸遇劫後減少店舖的損失，戰後初期有部分金舖開始向保險公司投保，購買盜賊保險或意外保險，希望在遇劫後獲得保險公司的賠償金，以抵銷被劫的損失。至於索賠的程序，也很簡便，當劫案發生後，受保的保險公司一般會派出調查員到肇事的店號視察，核實損失的物品及估算其價值，如無意外，店號一般很快會獲得賠償金。以 1949 年 8 月 4 日晚上被四名持械賊人搶劫的泰生金舖為例，該店開設於西環皇后大道西 259 號，是澳門著名的大豐金舖在香港的分號，店東是黃文。該店雖然僱有華籍護衞在店門外持槍守衞，但賊匪乘他不備時先搶去他手上的獵槍，並將他制服，再直闖店內進行搶劫。金舖在事件中被賊人劫去金飾共二百兩，總值港幣七萬元，尤幸該店向英資太平洋商行購買了合共港幣十二萬元的盜賊保險，經保險公司核實後在三個星期後獲得全數賠償，才不至於血本無歸。[96]

　　不過，即使店號向保險公司購買保險，也只會在因特定情況下導致損失時，才會獲得保險公司的賠償金。以位於上環文咸東街 89 號的生祥金舖為例，它們向英資太平洋商行燕梳部購買了價值港幣十萬元的投保額，保單內容列明，凡店內或店外途中發生伙伴被盜匪搶劫事件，所損失之金銀

---

95 《香港工商日報》，1949 年 12 月 12 日，5。
96 《工商晚報》，1949 年 8 月 5 日，4；同參《香港工商日報》，1949 年 8 月 5 日，5；《華僑日報》，1949 年 8 月 24 日，8。

和鈔票均在保障之下而獲得賠償，但如伙伴挾款潛逃，則不在賠償之列。[97]

　　踏入五十年代，匪徒犯案的手法層出不窮，且早已有周詳計劃，劫掠速度迅速。1950 年 1 月 24 日，七名賊匪在上海街同時打劫兩間金舖，被劫金舖包括位於 238 號地下的兄弟金舖及其對面 315 號的南盛金舖。兩店所在的地點附近金舖極少，旁邊的店舖都是以售賣糧油雜貨為主，故未有僱請守衛在店外站崗。七名匪徒早有預謀，在動手前已對金舖所在地段的環境瞭若指掌。案發時，賊匪選定於金舖收市前十分鐘動手，四人行劫兄弟金舖，其餘三人則打劫南盛金舖，七人行事迅速，不足十分鐘即完成劫掠，逃去無蹤。[98]1953 年 5 月 16 日，位於中環皇后大道中 184 號地下歷史悠久的南盛金舖遇劫，三名持槍劫匪身手快捷鎮定，行事迅速，只曾逗留在店內幾分鐘，已成功掠去百餘兩金飾，總值約數萬港元。雖然有警察在接報五分鐘後已抵達現場搜捕，但匪徒仍然逃去無蹤。有趣是，案發時該店在近門口處放置了一個貨櫃，滿載價格低廉的西金飾物，但匪徒在行劫時卻似早有所知，竟棄而不取。[99] 由此可見，賊匪行劫前已有仔細的部署，甚至可能曾經到店內「踩線」（實地了解），對店內的佈局和貴價貨品的擺放位置瞭若指掌，並擬定好行劫後的逃跑路線。

97 《大公報》，1950 年 6 月 29 日，4。
98 《工商晚報》，1950 年 1 月 25 日，4。
99 《華僑日報》，1953 年 5 月 17 日，3。關於被劫金飾的價格總值，各報章有不同的報道，例如《華僑日報》於 1953 年 5 月 17 日的報道是港幣約四萬元；同日，《香港工商日報》的報道是約港幣三、四萬元，但在翌日的報道則改稱損失港幣七萬五千多元。

　　此外，金舖也需提防騙徒犯案。從前，騙徒的行騙手法比較單一，大多只扮作顧客進店光顧，要求店員取出金飾戒指供其察看，待戴上後乘店員不察即拔足離去。但戰後，騙徒的手法更加層出不窮，變化多端，使人防不勝防。1955 年 4 月 13 日，一名男子手持一枚小戒指往上海街百福金舖求售，店員在檢驗貨品後，提出可以港幣七元購入，但該男子不允，並要求八元，結果雙方未能成交，但該男子甫出店即行折返，向店員表示急需用錢，七元也可出售，店員不虞有詐，於是將款項交到男子手中，事後，店員才發現原來的戒指已被該男子偷龍轉鳳，店舖所購入的只是贗品。[100]

　　有見及此，金舖內部的保安措施明顯增強，例如有金舖於飾櫃內設置鋼支，增加賊人拾取金飾之困難，由於賊人大多取易不取難，故此舉有助減少遇劫時的損失；此外，部分金舖負責人或司理如懂得使用槍械，也會自購獵槍防盜，並通常將它放在設有鐵門的賑房內，以備遇賊時可以還擊。[101] 另外，不少金舖添置需要多條鎖匙才能開啟的夾萬，用作存放貴重金飾。[102] 坊間甚至提議設置「活動飾櫃」，方法是在金飾櫃之下，挖一個小型地窖，地窖大小視乎店裏金飾櫃的數量而定，該地窖和櫃面四周皆使用英泥建造，並設有一鎖。地窖之上也使用英泥建造，分上下兩層，最上的一層表面上與平常所見的金飾櫃無疑，但是中通的，並設有活

100《工商晚報》，1955 年 4 月 15 日，10。

101《工商晚報》，1950 年 1 月 25 日，4。金舖負責人或司理自購槍械防盜存在灰色地帶，在當時似未有明文規定禁止，但銀行的高級職員在營業時間內佩槍防盜，又已得到警察當局的批准。因此，1950 年 1 月 24 日晚上兄弟金舖司理梁景博在遇劫時使用自購獵槍還擊一事在當時也引起了同業的關注。

102《華僑日報》，1957 年 2 月 10 日，10。

動腳踏，一旦遇上賊匪突然闖進，坐在櫃面的店員雖被屈服，但其足部仍可以觸及活動腳踏，則金飾櫃內的全部金飾即跌入地窖，令賊人空手而回。[103] 當然，這個提議以當時的建築技術而言，實在是難以完成，卻反映當時金飾業內對金舖保安相當重視，想方設法以減少被劫時的損失。

在上世紀六十年代末七十年代初，經濟不景氣，針對金舖的劫案時有發生。金舖為了加強保安，普遍都會聘請護衛，位於彌敦道規模較大的金舖如周大福、雙喜月、三喜、美新、東記、新新六店，曾合資聘請邵氏護衛公司負責它們所有的保安工作，除派遣武裝護衛員長期駐守，還派出保安專家作實地考察，研究安裝各種防盜儀器的可能性。[104] 警方派員向金舖的護衛提供訓練，教導他們如何使用武器及在遇賊時如何保護自己手上的武器，以免被賊人奪去。[105] 不過，有報章社評認為由金舖自行招聘的保安員對糾黨前來的賊匪起不了任何作用，戲言除非每間金舖皆在門前掛上一枝警棍，方能有效阻嚇匪徒行劫。[106] 有警方高層承認，要偵破案件，難度很大，除非在劫案發生時，能夠立時將歹徒人贓並獲，否則難以起回被劫的金飾。究其原因，匪徒一般不會將賊贓運往別處出售，也不會拿往當舖典當，以免自投羅網，因為每一間金舖的金飾，皆刻上該金舖之字號，當劫案發生後，警方會通告全港所有當押舖，如有人手持被劫金舖的金

103《華僑日報》，1950 年 1 月 30 日，6。
104《華僑日報》，1971 年 11 月 21 日，11。
105《工商晚報》，1971 年 12 月 8 日，1。
106《工商晚報》，1971 年 9 月 26 日，2。

飾來典當，必須通知警方。部分賊人甚至懂得利用噴火筒，
將劫來的金飾溶掉變成金塊，又或預先與不肖的打金師傅狼
狽為奸，將劫來的金飾交予後者溶為金塊，歹徒只要以比市
價低的價錢就輕易將這些重新鑄造的金塊脫手，警方無從調
查。[107] 當年金舖劫案猖獗的情況，大抵從 1972 年的全年數
據足以印證。該年涉及金銀珠寶首飾店被劫的案件高達 62
宗，損失首飾和現款總值港幣 4,629,832 元，但警方只能偵
破當中的 18 宗案件，破案率只有約三成，能夠起回的贓物
總值僅港幣 977,163 元，只佔當中約五分之一。[108]

　　鑑於金舖劫案頻生，保險公司不斷收緊對金舖投保之
要求，在接受金舖投保前，要先審視它們的保安設施，例如
有否設置警鐘、僱請守衛等。一般而言，金舖的保費是每一
萬港元的投保額收取港幣一百元，這對保險公司而言風險也
不少，保費微薄卻要承擔該金舖一年之安全。保險公司對於
規模較小的金舖，大多會採取審慎的態度，不僅由於保額
低，而且它們的保安措施普遍未能達標，因此，很多時都會
拒絕它們的投保申請。[109] 即使保險公司願意承保，也會提出
很多要求，例如要求金舖更換更堅固的保險箱、安裝保安警
報系統等，保險公司也會按照投保額和金舖所在地區釐訂保
費；金舖即使位處旺區例如尖沙咀，只要是發生劫案的「黑
點」，且店內防盜設備欠理想，保險公司也會拒絕接受該店

107《香港工商日報》，1971 年 8 月 1 日，11。
108《大公報》，1972 年 12 月 29 日，4。
109《工商晚報》，1969 年 9 月 2 日，1。

的投保申請。[110] 至七十年代中，保險公司新增了不少保安的
要求，例如夾萬只能在金舖的營業時間內開啟，如果在營業
時間以外開啟，就會觸動警鐘等。[111]

　　上世紀七十年代初期，賊匪犯案的時間與從前大不相
同，不再特意選擇於晚間或黃昏乘金舖收市前下手，而是不
分時間和地域，光天化日之下在鬧市中持械行劫金舖的事件
時有發生，例如，1971 年 7 月 20 日九龍城南角道悅昌金舖
劫案是發生於下午一時、[112] 同年 7 月 24 日九龍界限街玉泉
金舖劫案則發生於下午五時、[113] 同年 10 月 7 日大角咀洋松
街大四喜金舖劫案也是發生於下午五時。[114] 因此，有輿論指
出沿用多年金舖提早收市的方法已無助減少罪案發生，反之
動搖附近其他店舖及普羅大眾對社會治安的信心，影響市民
的消費意欲，損害本港經濟發展。[115]

　　為了防範遇劫或減少被劫時的損失，金舖加強了本身

110《工商晚報》，1972 年 1 月 23 日，1。

111《工商晚報》，1976 年 10 月 19 日，6。

112《香港工商日報》，1971 年 9 月 8 日，10。案情指，兩名青年於該天下午一
　　時十分左右各持一個旅行袋進入九龍城南角道悅昌金舖，當時店內並無其他客
　　人，店東劉氏卻上前招呼之際，兩人從袋中拿出利刀，指嚇劉氏及其他店員站
　　在一旁，兩人迅速以硬物打碎飾櫃的玻璃，並將裏面的金飾、珠寶和玉石全部
　　放進所攜的購物袋裏，得手後隨即登上一輛前來接應的私家車向黃大仙方向逃
　　去。經事後點算，金舖損失共港幣十萬三千元的貨物。

113《工商晚報》，1971 年 9 月 9 日，1。案發時，三名青年男子持利器闖入九龍界
　　限街玉泉金舖，指嚇店員，並擊碎櫥窗的玻璃，將裏面的金飾劫走，金舖損失
　　大約港幣五萬八千元。

114《大公報》，1971 年 10 月 8 日，4。案情指，四名年約 16 至 18 歲的青年闖進
　　金舖大角咀洋松街大四喜金舖打劫，一人在門外把風，另一人則手持長約兩呎
　　的柴刀指嚇店員，並隨即敲碎店內左邊玻璃飾櫃，其餘兩賊則將金飾掠進旅行
　　袋中。在搶劫期間遇上一名便裝警員，警員拔槍擊斃及擊傷各一名賊人，並拘
　　捕傷者及另一名賊人，另一人在混亂中逃去無踪。

115《工商晚報》，1972 年 1 月 27 日，2。

的防盜設施。自七十年代中期開始，有部分位於旺角區的金舖率先在飾櫃裏加裝鐵枝，形成一個鳥籠的佈局，既沒有阻擋顧客的視線，又可以防止賊人在擊碎飾櫃玻璃後從容掠奪內裏陳列的首飾，減少遇劫時損失。[116] 部分位於上海街的金舖甚至在櫃面上加裝鐵枝，分隔店員和顧客所在的區域，此舉雖有礙店員和顧客間的交流，但卻有效阻止劫匪在行劫時跳進櫃面裏直接搜掠，也可增強坐在飾櫃後店員的安全感。[117] 有金舖安裝安全玻璃，這種玻璃相當堅固，不易被硬物擊碎，增加賊匪行劫時的難度。例如，1975 年 7 月 23 日下午二時，四名賊匪持械闖進位於九龍城馬頭圍道 187 號百寶金行行劫，三名賊匪指嚇店員，另一賊匪則用槍柄試圖擊碎飾櫃上的玻璃，但經多次嘗試仍未能成功，原因是該店的飾櫃已經換上了安全玻璃。最後，一名店員乘賊匪不備時按動警鐘，賊匪為免被捕，立即逃離現場，金舖在事件中沒有任何損失。[118]

直至上世紀八十年代初，針對金舖的械劫案有增無減，尤其在金價飛升期間。九龍區各金舖因感區內治安惡劣，於 1980 年首次透過商會宣佈集體取消沿習半世紀以來歲晚延長營業時間的安排，照常於晚上七時結束營業。[119] 隨着大量人口遷入荃灣、沙田、屯門、大埔等新市鎮，不少金舖在區內屋邨的商場裏開業，它們在保安措施上較為鬆弛，

116《華僑日報》，1975 年 6 月 2 日，4。
117《工商晚報》，1975 年 7 月 10 日，1。
118《華僑日報》，1975 年 7 月 24 日，5。
119《大公報》，1980 年 2 月 12 日，5。

容易成為匪徒的目標；當時金舖劫案的案發時間大多在正午
至下午四時之間，警方有見及此，設立特別隊伍，派出便衣
警員到金舖附近巡邏，以阻嚇賊匪。[120] 由於賊匪很多時在行
劫後都會乘坐接應的私家車逃走，所以警方也特別指示巡邏
警員多加留意和查問在金舖門外停泊的私家車，勸喻其盡快
駛走，若沒有司機在的車輛，一律發出違例停泊告票。[121]

　　面對社會治安不靖，金舖也加強本身的防盜措施。有
金舖裝設自動警鐘，當賊匪用斧頭敲碎飾櫃玻璃時，店內的
警鐘會自動響起，此舉較舊式以人手按動的警鐘更有效阻嚇
賊匪，對店員的人身安全有更多保障。[122] 金舖的飾櫃採用防
盜不碎玻璃也愈來愈普遍，位於九龍愛民邨商場裏的民豐珠
寶店由於使用了此玻璃，所以在遇劫時才能幸保不失。[123] 一
些位於上海街的小型金舖安裝了鐵籠，在賬房和飾櫃前面安
裝鐵閘或鐵網，防止賊匪跳進去洗劫。周生生集團旗下的金
舖雖然沒有安裝鐵網，卻將飾櫃上的門上鎖，由於鎖鑰並不
在分店裏，所以分店職員也無法將它打開。此外，在飾櫃門
上開出一道圓形的小門，當需要取貨時，店員需先開啟門上
的暗塞才可以打開這道小門，再伸手進內提取貨品。這個裝
置的好處是賊人無法自行完全打開飾櫃上的門，將整盤金飾
取出來洗劫，只能取走在小門附近的貨品，有助減低被劫時
的損失。賊匪來去迅速，不會花時間去研究如何打開整道門

120《工商晚報》，1980 年 1 月 28 日，1。
121《華僑日報》，1980 年 2 月 1 日，24。
122《大公報》，1980 年 8 月 19 日，4。
123《華僑日報》，1980 年 9 月 11 日，9。

洗劫整盤金飾，因為打劫的時間一旦拉長就很容易被抓。[124]
當時業界也擬定了金舖內的保安指引，除了將所有飾櫃加上
不碎玻璃，將金飾托盤全部鑲在飾櫃內，在飾櫃本身加鑲鐵
枝，僅留其中一處，設可供一隻手伸入的鐵圈，方便擺放和
取出金飾外，還建議店號可考慮於店內另設密室，由專人負
責監視閉路電視，一旦遇劫，可直接報警求助。在增設密室
和閉路電視後，歹徒的容貌會被攝錄在錄影帶上，有助警方
事後緝兇。[125]

　　當時，並非所有金舖都會向保險公司購買保險，原因
是後者所提出的保安要求，勢必令金舖的經營成本大增。根
據本港五大保險公司於 1981 年 10 月聯合制訂出金舖的最
低保安措施標準，包括所有門口皆需設有鐵閘或掩閘、所有
保險室門均安裝音響和震盪偵測器、裝設有錄音錄影帶的閉
路電視攝影機、與警署聯繫的無聲報警鐘，及裝設紅外線和
超音偵察器等。金舖如未能做足上述的安全措施，將需繳付
更多的保費。[126] 對於規模有限的中、小型家庭式金舖，不論
是提升保安水平，還是繳付更多保費，同樣會加重經營成
本，所以對於向保險公司投保，意欲不大。[127]

　　在八十年代末九十年代初，非法入境者激增，不少非
法槍械流入本港，對治安構成嚴重的威脅。當時，金舖械劫
案中的匪徒一般都是持槍，有的甚至會使用自動步槍及手榴

---

124 甘穎軒：〈訪劉克斌先生，2020 年 11 月 26 日〉。
125《華僑日報》，1981 年 4 月 12 日，4。
126《工商晚報》，1981 年 10 月 14 日，8。
127《華僑日報》，1983 年 3 月 14 日，5。

彈。他們行事的方式較從前的賊匪凶狠得多，遇有反抗會開槍擊殺，且會脅持店員和顧客作人質，與前來圍捕的警察周旋，由於他們手持的武器在火力上遠超一般警察日常巡邏時所佩帶的手槍，所以他們不會懼怕與警員在鬧市人群中駁火。有見及此，有輿論敦促港府要從源頭着手，堵截非法入境者及非法槍械流入，才能遏止日趨嚴重的金舖械劫案；並建議考慮將防彈玻璃和防盜欄列為金舖必備的設施。[128] 面對悍匪，金舖除了加強保安系統和措施，及於案發後與警方合作緝兇外，可以做的事情並不多，員工的生命安全始終是最重要，賊人始終是持械，店員難以阻止他們搶劫，只能盡量減少損失，及在安全的情況下報警求助。[129]

◎　小結

　　歐陽偉廉指出，香港金飾業發展是承接了廣州金舖的興衰步伐，慢慢走出屬於自己的模式。[130] 筆者認同此看法，事實上，有不少今日具名氣的集團式金舖，追本溯源，不少皆源自廣州，直至第二次世界大戰前後，因為內地局勢動盪不安，才將業務轉移至香港，促使香港金飾業開展了繁榮昌盛的階段。但不能否認，香港金飾業歷史悠久，早在十九世紀時已經存在，有老字號時至今天仍然屹立在香港繼續經營。

128《華僑日報》，1991 年 7 月 8 日，3。

129 甘穎軒：〈訪劉克斌先生，2020 年 11 月 26 日〉；甘穎軒：〈訪黃紹基先生，2021 年 3 月 30 日〉。

130 歐陽偉廉：《流金歲月：香港金業史》，16。

　　香港金飾業在經營模式上具有傳統中國商業文化特色，不少金舖都是家庭式經營，雖然會聘請夥計，但家庭成員對日常業務的參與程度非常高，金舖夾萬的鎖匙也是由家庭成員持有。有金舖是以合資形式經營，生意伙伴來自宗族、鄉黨或朋友。在二十世紀七十年代以前，儘管香港已有股票市場讓企業進行集資，但華人企業甚少參與，金飾集團上市在當時更是少之又少，加上大部分金舖的規模很少，只能依靠店東的個人網絡籌集資金。戰後初期，香港華人普遍對銀行認識不深，且缺乏信心，普遍視買賣金飾作為投資或於生活迫人應一時之急。店號為了吸引顧客，提供多元化服務，例如存金、「供金會」等，也會在店內經營貨幣兌換、僑匯、銷售手錶、郵票和「馬標」等與金飾業務無太多關係的產品，目的是吸引人流，讓店員有更多機會向顧客銷售金飾。踏入八九十年代，香港金飾業走向集團化，周生生、周大福等大集團崛起，在內部推行多項改革，節省成本，提升競爭力，成為行內的翹楚。

　　金舖內藏有大量黃金和金飾，價值不菲，一直以來都是歹徒覬覦的目標。因此，店舖內的保安與防盜，長久以來都是行業內重要的環節。早在第二次世界大戰前，金舖與警察當局已有緊密的合作關係，因應當時的金舖劫案主要發生於傍晚店舖臨近關門時，大部分金舖都會接受警察當局的要求，在冬防期間提早結束營業。戰後，金舖械劫案頻繁，歹徒下手的時間已不再局限於傍晚時段，冬防縮短營業時間的作用有限，不少金舖轉而加強自己的防盜和保安措施，例如於店內設置警鐘、飾櫃內設置鋼枝、使用防盜不碎玻璃、僱請持槍保安員、聯合成立巡邏隊等；有金舖向保險公司購買

意外保險，一旦不幸遇劫，也有保險公司賠償損失。然而，
保險公司也不會作賠本生意，因應金舖的劫案頻生，除了不
斷收緊接受金舖投保的條件，還要求成功投保的店號改善舖
內的保安措施，務求降低金舖遇劫的機會，進而降低自己
的營商風險，但這毫無疑問大大降低了規模較小金舖的投
保意欲。

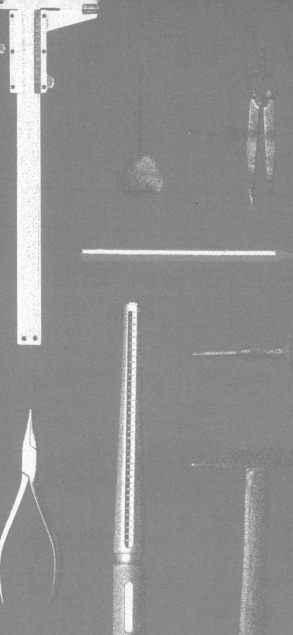

第三章

打金師傅的生涯與金飾製造

　　打金是一門傳統手工技藝，在中國擁有悠久歷史，世代相傳。打金工匠需要拜師學藝，經過多年學習，才能充分掌握各種技術，從而製造出一件漂亮的金飾器物。在機器未曾被大規模應用於生產前，在金舖出售的各類首飾器物皆是打金師傅以手作方式製造，每一件都充滿了他們的心血和汗水。自上世紀七十年代，香港經濟起飛，社會日漸富裕，普羅市民對於金飾的要求提高，從前以全人手製造的生產模式未能配合市場發展的需要。為了能夠進行大量生產，打金工場在不同的生產工序中引進機器，務求能夠在最短時間內生產出最多產品。

　　本章將焦點放在金飾生產的環節，探討怎樣才可成為一名打金師傅？打金師傅的日常工作是怎樣？傳統製作金飾有哪些工藝技術？今日，機器在金飾生產的各個環節中被廣泛應用，打金師傅是否已沒有存在的必要呢？在行業內，機器又是否能夠全面取代人力呢？

◎　從學徒到師傅

　　在上世紀七十年代普及教育實施前，適齡學童接受教育的機會很大程度視乎家庭的經濟環境而定，當時香港的教

育制度是採取精英主義，在不同階段都會以考試方式進行汰弱留強，因此，並非所有小學生皆可升上中學；香港政府資助大學學位的數量更是少之又少。在那個年代，若能完成中五課程，並在中學會考獲得五科合格成績，對不少年青人來說，已是人生中了不起的成就，大學畢業生更是天之驕子，前途無可限量。然而，當時香港政府所提供的學額，遠遠未能滿足年青人的求學需求，造成大量家境清貧的年青人，未能負擔私立學校學費，被迫中途輟學，另謀出路。戰後，香港工業急劇發展，大批青年在離開校園後，選擇成為學徒，希望學得一技傍身，日後晉升成為師傅，可以尋找生計，賺錢以減輕家庭的經濟負擔。

所謂「學徒」，現今大部分企業稱之為實習生（Trainee），意指該員工仍在接受培訓。在七十年代以前，香港的輕工業發展蓬勃，不少工廠都會招聘年青學徒，加以培育，使其盡快熟練相關的生產技術，幫助工廠進行生產。香港的金飾製造業也不例外，從前不少金舖或打金工場都會招聘打金學徒。在戰後初期，要入行成為打金學徒，通常需要利用人事關係，普遍是透過父母、親屬或同鄉的介紹，才能在金舖或工場覓得師傅拜師學藝。[1] 這情況直到二十世紀中期仍然普遍，皇庭珠寶集團創辦人兼執行董事黃國和先生在接受報章訪問時說，他在初中階段就離開校園，於 1973

---

1 參歐偉廉：《流金歲月：香港金業史》，65-66、166-167；馬木池：〈伴我成長的故事 —— 周大福珠寶金行有限公司史略〉，299；及 Wong Heung-Wah and Chau Ling-Fung, *Tradition and transformation of a Chinese family business*, 51；甘穎軒：〈訪吳振騰先生，2020 年 12 月 3 日〉。

年在父母的安排下拜師，學習打金技藝。[2] 為何需要通過熟
人介紹呢？鄺添合先生在接受筆者訪問時解釋，在金飾業內
每一個崗位都需要人事擔保，因為僱主要清楚知道所聘請的
人是否「好手腳」（誠實可靠），他們每天接觸的不是一般
物料，而是價值連城的黃金，即使遺失少量黃金對公司而言
也是巨大損失。[3] 顏卓偉先生說，除了人事擔保外，行業內
也接受入行者自己找店舖作擔保（俗稱「舖保」）或公務員
擔保，部分工場或會要求以金錢作抵押。歸根究底，僱主是
擔心有人會在工場偷竊，因為很多時即使找到偷竊者，也難
以追回被盜走的金飾，若此情況出現，僱主就會向他的擔保
人追討損失。[4]

　　與其他製造行業的學徒一樣，打金學徒的生涯一點也
不輕鬆，尤其是戰後初期入行的一批。當時，一般打金學徒
需要接受大約三至五年的培訓，這段時間俗稱「學師」，具
體「學師」時間的長短視乎學徒的個人資質而定。與中國傳
統的師徒制一樣，師傅最初並不會立刻指導學徒工藝，而是
要求學徒從事雜務性質的工作，例如洗衣、拖地、送貨、外
出購物、買餸煮飯等，從中觀察學徒的品性，鍛練他們的意
志，培養他們刻苦耐勞和高度服從。直到有新學徒加入，
「師兄」就可以將大部分雜務工作轉交由「師弟」負責。當
師傅滿意學徒的表現，就會開始傳授基本工藝技術。從前，

2　李卓賢：〈黃國和打金董事歷險記〉，《文匯報》，2008 年 6 月 18 日，http://
　　paper.wenweipo.com/2008/06/18/OT0806180013.htm，瀏覽日期：2020 年 6
　　月 24 日。

3　甘穎軒：〈訪鄺添合先生，2020 年 6 月 19 日〉。

4　甘穎軒：〈訪顏卓偉先生，2020 年 12 月 29 日〉。

打金主要是使用錘去扑，故此打金工匠又被稱為「扑佬」，學徒必須學懂使用錘的方法。由於黃金是貴重金屬，所以學徒最初多會以銀或銅等較為廉價的物料代替黃金進行練習，將它錘成長條狀，錘完又再將之熔掉，反覆練習，稍一不慎，很容易會錘在自己的手指上，引致受傷。當學徒掌握用錘的技巧後，師傅才會讓其接觸黃金，並教授製作「戒料」（光身戒指）和光身的牛圈鐲（新娘結婚時用）的方法。然後，學徒會學習做桌子（開孔、�𠝹字）、批花、鑿、開鉸等，還有鑲口，最初師傅只會讓學徒利用次等的玉器練習，因為做得不好，可以把它熔掉重做。由於學徒很多時只能站在旁邊觀察師傅的技術，所以觀察能力相當重要，要將各個步驟牢記在腦海裏，再經過反覆練習，積累經驗，一般需時兩年多，就能大致掌握一般金飾製作的技藝。[5] 雖然師傅有時候會進行「執手教」，例如向徒弟們示範使用銼的方法和步驟，並給予意見讓學徒改進技術，但師傅不會站在徒弟身旁寸步不離，只會每天來審視徒弟的練習進度。師傅教授的工藝技術，學徒可能需花上幾個月不斷練習，只有在學徒的技術達到師傅的要求後，師傅才會傳授新的技術。[6] 由於行規只說學徒一般需要學習三至五年，但何謂「滿師」，並沒有明確標準和統一的考核，主要是根據師傅的個人判斷，所以學徒一般不敢隨便開罪師父。

　　早期的學徒是沒有工資的，但師傅一般會給予食住，及每月給予津貼讓學徒去剪髮。年關前，師傅會給予少許金

5　馬木池：〈伴我成長的故事 —— 周大福珠寶金行有限公司史略〉，299。

6　甘穎軒：〈訪顏卓偉先生，2020 年 12 月 29 日〉。

錢，讓學徒購買新鞋或衣服過新年。[7]由於給大伙兒的伙食和添購日用品的工作主要由學徒負責，有些思考比較靈活的學徒會在此處動腦筋，設法省下金錢放進自己的口袋裏。[8]當學徒掌握製作金飾的基本技術，師傅就會開始安排工作予學徒，但當中所賺到的錢，則全數歸師傅所有。[9]不過，吳振騰師傅說，不同師傅會有不同安排，有些師傅會將所賺到的錢，與學徒平分。[10]及至上世紀六十年代，學徒的待遇明顯有所改善，除了獲發工資，也不再需要處理太多與打金無關的雜務。張偉南先生憶述，他自從十六、七歲起就跟一位師傅學師，當時工資是每月港幣 50 元，師傅提供食宿，工場是有床板的，但不會硬性規定學徒必須留宿，學徒可以自行決定。他指出，雖然每天需要工作至晚上十時至十一時，但由於他的住所鄰近工場，所以他並沒有在工場留宿，而他已不再像從前的學徒般需要做大量雜務，大部分時間是跟隨師傅學習工藝，只是間中也會幫忙煮飯。[11]

　　在上世紀中葉，較具規模的打金工場會有數十名學徒，規模較少的「山寨」工場也至少會有幾名學徒。學徒每天同食同住，一起生活和學藝，大家互相扶持，感情要好。戰後初期，香港普遍的工廠是年終無休的，工人全年只有數天假期，並沒有休息日，即使是星期天，也要照常上班。打

7　馬木池：〈伴我成長的故事 —— 周大福珠寶金行有限公司史略〉，299；甘穎軒：〈訪吳振騰先〉，2020 年 12 月 3 日〉。

8　Wong Heung-Wah and Chau Ling-Fung, *Tradition and transformation of a Chinese family business*, 52.

9　馬木池：〈伴我成長的故事 —— 周大福珠寶金行有限公司史略〉，300。

10　甘穎軒：〈訪吳振騰先生，2020 年 12 月 3 日〉。

11　甘穎軒：〈訪張偉南先生、張汝榮先生，2021 年 3 月 20 日〉。

金工場也是一樣，不少師傅都是居於店舖或工場內，他們大多從早到晚工作，因此，學徒也難以有確切的下班時間。[12] 不過，有時候工作稍為輕鬆時，學徒於晚上也會有自己的集體活動，例如踢足球、看電影、食宵夜、游泳等。[13] 吳振騰先生憶述，他年青時在筲箕灣的工場學師，每逢初二和十六（俗稱「做牙」）工場都會提早收工，他會相約其他師兄弟一起前往上環大笪地消遣。[14] 在六十年代末，隨着勞工待遇和福利不斷改善，每星期有一天休息日在法律上得到確立，打金學徒於星期天普遍享有假期。年青人總愛玩樂，張偉南先生說，他放假時會相約師兄們去郊遊行山，一來結伴郊遊是當時年青人流行的消遣娛樂活動，二來可以減省開支，因為學徒收入少，那時候車費便宜，所以郊遊行山是相當經濟的娛樂活動；每逢節日有數日假期，他們大伴兒也會去露營。[15]

　　學徒如要得到師傅的歡心，有時也需懂得一些人情世故。雖然傳統職場推崇拼搏工作、多勞多得的概念，但學徒也需要跟從師傅的工作節奏，不能獨個兒走得太快。張偉南先生說，他雖然很快從師傅手中掌握了打金技術，但師傅卻曾要求他放慢工作的步伐，否則難以在行業內立足。究其原

---

12 《香港工商日報》，1950 年 3 月 28 日，5。

13 甘穎軒：〈訪黃永輝先生，2022 年 2 月 10 日〉。

14 甘穎軒：〈訪吳振騰先生，2020 年 12 月 3 日〉。從事金銀行業者很重視「做牙」。「做牙」又稱「做禡」，是傳統中國的商業文化，從前民間社會認為土地神是地方的財神，能夠保佑商家生意興隆，貨如輪轉，客似雲來。所以每逢舊曆初二、十六是土地神的祭祀日（俗稱「禡期」），商家通常會在這天，以三牲（雞肉、豬肉、魚肉）等肉類作祭品祭拜土地神。儀式後，東主會設一頓餸菜豐富的晚飯慰勞職員的辛勞。

15 甘穎軒：〈訪張偉南先生、張汝榮先生，2021 年 3 月 20 日〉。

因，是因為學徒的工資較師傅便宜，如果徒弟所展示出的生產能力較師傅高，而且產品質素優良，後者擔心會因此遭到工場老闆解僱，故有此要求。[16]

學徒在「滿師」後，行規並沒有規定他們的去留，是走是留很多時候視乎師徒關係和機遇而定。張偉南先生完成學師是在上世紀六十年代末，他選擇留在師傅處繼續工作，工資每年皆有可觀增長，成為師傅後每月大約有港幣 300元，這個工資水平在當時已相當於白領階層的經理，他跟隨師傅工作數年後離開，招聘了數名師傅和學徒，自行開設打金工場。[17] 當然，學徒在「滿師」後選擇立刻離開，另尋發展機會，也大不乏人。以張偉南的兄長張泉海為例，他在深水埗的打金工場學師，「滿師」後就加入了妹夫胡錦興為主要股東的胡和盛金舖工作。[18] 郭明義先生則自行在長洲開設打金工場，聘請了十位師傅，接收來自金舖或寫字樓的首飾訂單，其所製造的金飾也有供出口用途，直至 1972 年因為黃金價格大漲，製作金飾成本太高，於是決定將工場免租予其他師傅繼續經營，自己則在尖沙咀開設金飾公司。[19] 吳振騰師傅在「滿師」後曾短暫當上「行街」（推銷員），每天向不同工場取貨，然後到不同的金舖兜售，賺取佣金，後來因緣際會下接手經營三興工場，從事模具的生產與批發生意。[20] 著名金飾珠寶商人謝瑞麟最初在上海街的金舖學師，

16　同上。

17　同上。

18　同上。

19　甘穎軒：〈訪郭明義先生，2022 年 4 月 25 日〉。

20　甘穎軒：〈訪吳振騰先生，2020 年 12 月 3 日〉。

經過五年完成學徒生涯，由於當時正值越戰時期，大量美軍
士兵遊客來香港渡假，普遍會在尖沙咀和灣仔一帶上岸購買
珠寶，所以他認為做珠寶首飾鑲嵌較足金在未來更加大有可
為，於是請熟人介紹，到尖沙咀的珠寶店拜師，跟師傅學習
珠寶鑲嵌技術，成為「雙料師父」後，在 1962 年與友人合
資於尖沙咀開設珠寶鑲嵌工場。[21]

　　除了自立門戶，成為師傅後主要的出路，是在金舖或
打金工場裏工作。戰後初期，在求職市場相對較為封閉的年
代，就算成為打金師傅，要在金舖或打金工場求職，透過熟
人介紹仍然是最便捷的渠道。那時候，不少金舖都附設工場
進行生產，一般在舖尾或閣樓，行內稱為「功夫位」。有些
規模較大的金舖則會另置工場，例如周大福，戰後初期在中
西區乍畏街（今稱蘇杭街）租了一層樓開設工場，隨着生意
增加，1956 年將工場搬至中、上環交界的永和街，並擴充
至三層樓，數年後，在中環德己笠街（今稱德己立街）購
地，興建一棟六層高的工場，並將永和街的工場搬過去；不
過，周大福每間分行都會有一位駐場師傅，負責維修客人攜
來的金飾。[22] 從事金飾維修的師傅需要更加全面的技術，因
為做維修的難免會碰到各式各樣的奇難雜症，而且客人所給
予的時間通常很緊迫，有時甚至會守候在師傅的身旁。[23]

　　由於打金有很多不同的科門，每位打金師傅所精通的

21　錢華：《因時而變：戰後香港珠寶業之發展與轉型》，167-170；Wong Heung-Wah and Chau Ling-Fung, *Tradition and transformation of a Chinese family business*, 55.

22　馬木池：〈伴我成長的故事 —— 周大福珠寶金行有限公司史略〉，295。

23　同上，301。

範疇並不一樣，因此，受僱金舖附設的工場的打金師傅，通常主力製作自己熟悉的飾品，供應店舖平日零售之需求。至於其他款式，金舖會向其他打金工場購買。在二十世紀六七十年代，即使是規模較小的工場，它的業務對象有大集團也有小金舖，只是供貨量上不同而已，大集團要的貨量較多，以金鏈為例，通常一張訂單就要數百條或數千條，而小金舖要求的貨量則較少，由一、兩條到十多條不等。[24] 在接洽生意時，小工場與其他同行無異，都是採用「對金」的方法，這是行規。所謂「對金」，就是買家交給工場若干重量的黃金，工場就要交回相同重量的貨品予買家，而人工則由買家另外付錢。究其原因，在於金價是不停浮動的，有升有跌，如果買家交付黃金後金價下跌，工場就會蒙受損失，反之亦然，所以大部分金飾公司和打金工場都會採用此方法，藉以保障買家和工場雙方不會因金價浮動而做成不必要的損失。[25]

　　無論是在金舖附設的工場或打金工場任職，在支薪上都有「件薪」和長工之分，一般而言，手藝好的師傅大多是「件薪」，即是按照生產金飾的數量與僱主拆賬，是自由身，多勞多得。「件薪」的師傅只需帶着自己的工具就可以開工，因為金舖或工場會包伙食和住宿，並提供工料、機器和工台，部分規模較少的店號會收取「台租」，規模較大的則大多免收「台租」。[26] 店號會如中介人般為師傅向外接洽工

24　甘穎軒：〈訪鄺添合先生，2020 年 6 月 19 日〉。
25　甘穎軒：〈訪張華根先生，2019 年 7 月 5 日〉。
26　馬木池：〈伴我成長的故事 —— 周大福珠寶金行有限公司史略〉，300。

作，從中抽取佣金，師傅可以獲得多少分成視乎資歷而定，如果是資歷較深的師傅，與店號普遍是八二分帳，但如果是初出茅廬的師傅，則只獲五成也不足為奇。[27] 在倒模技術未曾出現的年代，所有金飾都是以手作的方式製造，所以「件薪」師傅的收入不俗，生意好時每月工資可達港幣萬元，這個數目在上世紀五六十年代是相當可觀。[28]

　　打金師傅還有一個收入來源 ——「耗」。甚麼是「耗」呢？就是打磨金飾時掉下的金粉，金舖或工場老闆通常容許打金師傅們將其儲起來，成為後者的額外收入。至於打金師傅可以將多少「耗」儲起來呢？這是由老闆和打金師傅協商而定。鄺添合先生舉例說：「打造一隻戒指，值一錢，公司會打幾分『耗』給你，舉例說五分『耗』，你自己要懂得計數，盡量做到在五分『耗』之內，如果你的技術和手工好，剩餘的也是全歸你所有。」[29] 坊間有一種說法，打金工場一般不會開風扇，即使開動了，也只會吹向打金師傅的小腿，以防止殘留在工台上的金粉被吹走。[30] 鄺添合先生認為，未必所有工場都是如此，因為工台通常會設有一格抽屜，打金師傅會先將所有「耗」掃進該抽屜中，由於「耗」裏含有不少其他成份或雜質，所以要將這些「耗」溶掉，再提煉出當中的金粉。[31]

27　Wong Heung-Wah and Chau Ling-Fung, *Tradition and transformation of a Chinese family business*, 79.

28　馬木池：〈伴我成長的故事 —— 周大福珠寶金行有限公司史略〉，303。

29　甘穎軒：〈訪鄺添合先生，2020 年 6 月 19 日〉。

30　香港珠寶製造業廠商會 30 周年紀念編輯委員會：《珍飾鑲傳：香江珠寶印記》，16。

31　甘穎軒：〈訪鄺添合先生，2020 年 6 月 19 日〉。

　　及至上世紀七十年代，勞工階層的待遇已大有改善，不少行業的薪資水平也較從前提升了不少，打金行業當然也不例外。當時，即使是長工師傅，初入行的師傅每月工資已有港幣 2,500 元左右，另外享有一般的勞工假期，工時是由早上八時至晚上九時，中午有一小時午飯時間，僱主普遍包伙食，工場內設有廚房，並聘用廚師負責伙食。不過，打金工場普遍已不再要求員工留宿，因為在工廠大廈裏已聘請了保安員。[32] 部分打金工場即使是學徒，每月也有港幣數百元的工資，表現優秀者每年皆會獲得加薪，外出到工場或金舖交收貨品時會獲發車費，另外，於星期天及勞工假期可以休假。[33] 當時首飾行業興盛，如果打金工場接到很多訂單，打金師傅會因應學徒的能力給予額外的生產工作，讓學徒在工餘時間（例如星期天或晚上收工後）完成，並採用「件薪」的方式，使學徒有額外的收入。[34] 此外，部分工場甚至裝設冷氣，打金師傅的工作環境也較前舒適。[35]

　　雖然按月支薪在首飾製造行業中日漸普遍，但不少打金工場仍然保留「件薪」的聘用方式。在二十世紀七八十年代，「件薪」其實是僱主挽留生產能力高的打金師傅的方法之一，無論是首飾公司還是打金工場，也會有自己的薪酬機制，並不可能為個別員工的情況而破壞整個制度，如果個別打金師傅生產能力高，僱主已無法向他作大幅加薪，就會向

32　同上。

33　甘穎軒：〈訪黃永輝先生，2022 年 2 月 10 日〉。

34　甘穎軒：〈訪顏卓偉先生，2020 年 12 月 29 日〉。

35　甘穎軒：〈訪黃永輝先生，2022 年 2 月 10 日〉。

前者提出轉換聘用方式，由長工變成「件薪」，這其實是雙贏的方案，僱主成功挽留出色的打金師傅，使其繼續幫助僱主賺錢，而後者可以在不需要另尋東家的情況下賺取更高薪酬。不過，對於工作效率散漫且每月生產產值低於公司指標的打金師傅，僱主也會向他提出改為以「件薪」的方式聘用，一方面是不希望他成為公司的負擔，另一方面希望透過轉換計薪的方法刺激他的工作動力。[36]「件薪」師傅的收入可以非常可觀，顏卓偉先生憶述，他於八十年代初轉為以「件工」形成聘用的打金師傅，工資立刻翻倍，那時候，打金師傅每打一個孔洞就可收取港幣四元五角，製作一件首飾通常會有二百多個孔洞，換句話說，那就已經可以收取大約港幣1,000元，而每件首飾的製作時間一般是兩至三天，順利的甚至可以於一天內完成，所以當時「件薪」師傅的收入是不錯的。[37]

　　僱主對於生產能力高的「件薪」師傅，在態度上也會較為寬容。僱主當然希望打金師傅在每天值班的時間內待在工場裏為生產拼搏，但臨近月尾時如果打金師傅的產值已經達標甚至是超過指標，即使在生產步伐上稍為放慢一點，或有遲到早退的情況，僱主通常也會容忍；當接到大訂單需要日以繼夜趕工時，僱主對打金師傅普遍照顧周到，例如下午茶及宵夜請客等；當打金師傅要求放長假期時，僱主答允與否全憑刻下的生產情況決定。不過如果提出者是產能高的「件薪」師傅，僱主大多不會阻撓，因為害怕他們會藉此

36　甘穎軒：〈訪顏卓偉先生，2020年12月29日〉。
37　同上。

辭職「跳槽」到其他工場，人才流失致使公司在生意上蒙受損失。反而，按月支薪的長工師傅就不會享有這種「特殊待遇」，僱主會很在意他們的日常工作情況。[38]

自二十世紀七十年代中後期，女性在香港社會的地位日漸提高，在職場上女性僱員的人數也在不斷增加。打金行業從來都是以男性從業員為主的行業，學徒也普遍是男生，但在那個時候，在個別的打金工場卻出現女性當學徒的情況。顏卓偉先生直言，他入行第一天上班，見到有女孩子在工場當學徒，也感到愕然。他指出，他當時任職公司的工場有七條生產線，每條生產線有六至七名工人，坐在他身旁的全是女生。不過，他認為女性是能夠勝任打金工場內的工作，只是現時新一代的年青女性大多留有長指甲，這會為她們在工作時帶來很多不便。現時，內地的打金工場都聘用了不少女工。[39]

◎　傳統金飾製作的工藝技術

黃金是製作金飾最重要的原材料。不過，根據成色的不同，也有「純金」和「K金」之分。理論上，「純金」是指成色達百分之百的黃金，中間不會夾雜任何雜質，但黃金在礦石篩選和提煉中，因受到設備和工藝的限制，而無法達到絕對的純。「純金」有「足金」和「千足金」之分，根據國際通用的標準，黃金成色達 99%，可被稱為「足金」；

38　同上。
39　同上。

而黃金成色達 99.9%，則會被稱為「千足金」。「純金」也有「純金條塊」和「飾金」之分，所謂「飾金」，是經過加工的黃金，因為黃金本身質地相當柔軟，不能直接用作製造金飾，所以必須先經過加工，提升它的硬度，在加工過程中，無可避免要在焊接時加上焊料，因而影響黃金本身的純度。[40]

「K 金」又名「開金」，英文稱之為 Karat Gold，是由黃金加入其他金屬溶合而成的合金，例如銀、銅、鎳等。現時在金飾店最常見的標示「24K 金」、「22K 金」、「18K 金」、「14K 金」、「12K 金」等，是指金飾品實際含金量的多寡。1K 大約等如 4.166% 的含金量，經計算後，「18K 金」即黃金成色大約是 75%。雖然「K 金」的價值遠不及「純金」，但在硬度和韌性上較後者高，容易製作不同種類造型精美和細緻的首飾，一般鑲嵌上鑽石或玉石的金飾，也是使用「K 金」製作。只要在黃金溶煉過程中加入不等數量的銀或銅，可輕易改變黃金的顏色，例如加入銀的「K 金」，呈淡黃色；加入不等量的銅和銀，會令「K 金」變成紅黃、淡黃、綠黃、玫瑰等不同顏色，打金師傅在打造金飾時，在顏色上就能夠有更多變化。為了增強「K 金」表面的光亮感和亮白度，首飾品表面通常會鍍上一層薄薄的金屬銠，因此，相較其他銀製品或白色合金首飾，「K 金」首飾的色澤能夠保持更長的時間。[41]

40　唐克美、李蒼彥編：《中國傳統工藝全集第一輯，金銀細金工藝和景泰藍》（鄭州：大象出版社，2004），50。

41　同上，50-51。

表 2：常見的「K 金」成份及其特點

種類	成份	特色
22K 金	含金量為 91.6% 及少量的銀和銅	色澤與黃金相近，硬度比純金略高，但容易變形，只可作鑲嵌寶石用途，但款式不能過於複雜
18K 金	含金量為 75%，含銀量為 14%，含銅量為 11%	色澤呈青黃色，硬度適中，具一定延展性，不易變和斷裂，適合鑲嵌寶石
14K 金	含金量為 58.5%，含銀量為 10%，含銅量為 31.5%	色澤呈暗黃金，質地堅硬，韌性很高，具彈性，可鑲嵌各種寶石，價格較廉宜
9K 金	含金量為 37.5%，含銀量為 12%，含銅量為 50.5%	色澤呈紫紅色，堅硬易斷，延展性較差，只宜作簡單鑲嵌單粒寶石首飾，多用作製作低檔次首飾或實用性飾物

資料來源：呂文元：《中國黃金知識博覽》（北京：中國建材工業出版社，2001），40-41。

　　正如前述，黃金只是一種原材料，從礦場開採出來，要將之變成日常穿戴的金飾，還需要經過不少工序。在機械未曾普及的年代，所有金飾製品都是以全人手打造。中國金器製作的工藝是相當複雜和精細，其歷史可以追溯至先秦時期，最初是依附在青銅器的製作工藝技術的範疇裏，是後者的延伸和發展。[42] 國內學者對於傳統黃金器物製作所使用的工藝技術有不少研究，發表的研究成果也相當豐碩。早年，

42　江楠：《中國早期金銀器的考古學研究》（長春：吉林大學博士學位論文，2015），15。

學者如史樹青、[43] 王海文 [44] 等的研究揭示在青銅器流行的上古時期，黃金普遍是被應用於裝飾青銅器皿。在二十世紀末，隨着考古研究的不斷推展，學者對傳統的金屬工藝有更深入和全面的了解。齊東方透過對唐代以前金銀器物的研究，歸納出多個主要的工藝技術，包括錘鍱、貼金、包金、鎏金、金錯、掐絲、金珠、鑄造、鏨刻和鏤。[45] 江楠將中國早期金器的製作工藝細分作三個部分，包括製造工藝、裝飾工藝，及以金銀為原材料的裝飾工藝。他將範鑄、焊接和錘鍱納入製造工藝的範疇裏；磨光、模壓、針刺、鏨刻、鏤空、鑲嵌、炸珠等被列為裝飾工藝；而貼金、包金、鎏金、錯金、平脫等則屬於以金銀為原材料的裝飾工藝。[46] 儘管在製作不同種類的金飾品時，所需要的工序有所不同，但在總體方法和技巧上分別不大，且一直沿用至今。以下，筆者嘗試根據各方的文獻研究及與多名打金師傅的口述訪談，歸納出多項傳統製作金飾品的工藝技術。

熔煉

煉金在中國有着悠久的歷史，早在春秋戰國時打金工匠已懂得熔煉黃金的技術。由於黃金是一種稀有物質，藏於土地之中，所以中國古代五行學說中有「土生金」的說法。漢代文獻中已有用火法煉金的記錄，《華陽國志》卷四〈南

43　史樹青：〈我國古代的金錯工藝〉，《文物》，1973 年 6 期：66-72。

44　王海文：〈鎏金工藝考〉，《故宮博物院院刊》，1984 年 2 期：50-58 及 84。

45　齊東方：〈中國早期金銀工藝初論〉，《文物季刊》，1998 年 2 期：65-71 及 86。

46　江楠：《中國早期金銀器的考古學研究》，15-19。

中志〉記博南縣「有金砂，以火融之為黃金」。宋代的官修和私人典籍中也不乏黃金開採和熔煉的記錄，例如朱彧《萍洲可談》，記錄了「黃金溜槽堆石砌灶冶煉技藝」的具體實踐方法。傳統熔煉黃金的方法是將金沙和礦金放在一個堅固耐熱的坩堝（砂罐）內，[47] 加入硼砂、[48] 蘇打和硝石，[49] 再將之放到炭爐上用大火燒，待坩堝裏的東西熔化為金水，再將提純的金水倒入金模中，冷卻後即成錠。[50] 時至今日，熔煉黃金仍然是製作金飾的必要步驟，但熔煉的設備進步了不少，當代的打金師傅大多採用以煤氣作燃料的真空氧化的高頻爐進行熔煉，令黃金在熔煉過程中不易被氧化；[51] 在將金水倒注入金模時，打金師傅也會使用煤氣噴射器不斷往坩堝上噴火加溫，保持金屬液體溫度的均勻。

鑄造

　　鑄造，也稱「範鑄」。在上古時期，金器的鑄造技術是伴隨着青銅器鑄造業而起，春秋時期就已經出現成熟的失蠟鑄造方法，[52] 用以鑄造精細的金銀器。及至西漢，相關的工

47　坩堝是一種可進行高溫加熱的器皿，在冶金過程中可用作融化金屬。

48　硼砂是一種催化物質，遇熱則溶，有抗氧化作用，與焊藥拌在一起，有助溶作用。

49　蘇打和硝石是腐蝕性強的物質，有淨化雜質的作用。

50　錠是製成塊狀的金屬。

51　任何金屬包括黃金在內，只要曝露在空氣中，會與空氣中的氧氣產生化學反應，導致金屬表面形成一種氧化物，久而久之，金屬表面的光澤度會有所減退，俗稱「生鏽」。

52　學者對中國古代失蠟法的起源還未有一致的看法，但普遍相信早在春秋戰國時期已經出現，用於青銅器皿的一種鑄造工藝，具體的方法是以蠟製成器物模型，內外以泥填充加固，待泥乾結後進行加熱，使蠟液從事先預留好的蠟口中流出。之後，堵住排蠟口，將金屬溶液通過槽道澆鑄，待冷卻後打去封住的泥，便可以得到與蠟模完全相同的金屬器具。

藝水準更是達至頂峰，成為當時製造金屬器皿的主要方法之一。傳統鑄造金器與青銅器的方法大致相同，只是原料不同，其具體方法是先將所要製作的器物依具體形態製模，然後將熔煉成液體狀的金倒入模中，冷卻後即成為所需的器物。形狀簡單的器物一次即可成型，但形體複雜的則需先將各部分分別鑄造，然後再組合成一體。

錘鍱

錘，解作錘打、鍛打。鍱，是將金屬錘打成薄片的意思。錘鍱又稱作「打作法」或「槌鍱法」，是一種用於製作金屬器物的工藝技術。打金工匠利用黃金質地柔軟且極富延展性的特點，先將金塊放在爐火上烘烤，使之變紅後取出，放在鐵砧上，以木錘或鐵錘反覆敲打，使金塊產生局部或全部變形的效果，可以直接成器，也可以錘出花紋。錘鍱的好處是耗費原材料少，工序較為簡單。在中國，捶鍱工藝可追溯至先秦時期，考古證據顯示當時的打金工匠已懂得運用精巧的錘鍱技術，製作薄如紙張的金箔，用作附在青銅器表面的裝飾。至唐、宋時期，錘鍱工藝日趨成熟，應用範圍廣泛，除了用於金銀器紋飾的製作，也可用作製作一些形體簡單的飾物，例如耳環等。

模壓

模壓是將錘鍱好的金銀薄片放在有圖紋的模具之上，通過加熱、錘打等方式，將模具上的圖紋壓印在金銀片上。此工藝技術最早可追溯至戰國晚期，考古學者在今日陝西省一處匈奴墓葬中發掘出一些金銀牌飾，經研究後發現是用上

了模壓技術。模壓技術不僅可以處理單面形,還可以製作出兩個具有對稱性的形體,再將它們連接在一起而構成一個完整封閉的立體形狀。模壓技術是對形體作整體擠壓,可用以製作相同紋樣與形制的金飾擺件,相比依賴打金工匠進行錘鑿,不單節省了大量時間,而且更容易做到飾件形制統一的效果。

掐絲與拔絲

掐絲又稱「拉絲」,是既可用於製作金銀器物本身的形體,也可用於製作器物上的裝飾的工藝技術。在中國,掐絲工藝最早出現在戰國晚期西北遊牧民族聚居的地區,直至西漢時期,這種工藝才在中原地區廣泛流行。掐絲的做法是將經過錘打後的金銀薄片裁剪、用鐵製鑷子把它們拉伸或搓扭成粗細不等的金絲或條,再根據需要將各種金絲或金條,編織成不同形狀或圖案,再將之焊接於器物或飾件的表面,作裝飾之用。

拔絲所需要的工具包括鐵製鑷子和拔絲板,一張拔絲板上有十個不同直徑度的錐形細孔。打金師傅用鑷子將金絲穿入錐形細孔,大約經過十次由粗到細的抽拉,透過當中所產生的拉力和磨擦,方能擠壓出較細的金絲。在近代,此工藝技術普遍應用於製作戒指或幼身的金鏈條。

焊綴金珠

傳統上,金珠工藝通常與掐絲工藝結合使用。金珠是將黃金製成球形顆粒,普遍應用於器皿裝飾的工藝技術。此工藝早在漢代已經發展得相當成熟,能夠製造出相當複雜且

精細的作品。金珠的製作方法是先將金片剪成金線，或切成段，加熱後溶聚成粒，顆粒較小的自然凝聚成小金珠，顆粒較大的則需再在兩塊木板間碾研。也可以把金碎屑放在炭火上加熱，熔化時，金屑成為露滴狀，冷卻後即成粟粒狀的小金珠。還可以將金銀絲加熱，用吹管吹向端點，受熱熔化而落下圓珠，打金工匠也可選擇將圓珠留在金銀絲上，待其自然凝結在一端亦可。

打金工匠普遍採用焊接的方法將金珠固定在金銀器表面作裝飾，方法是先用白芨等粘着劑暫時固定位置，[53] 然後用鑷子夾起帶有硼砂水的焊藥搭在所需焊接的部位上，接着用火燒，焊藥經加熱後會溶掉，冷卻後達到焊接目的。

鑿刻與鏤空

鑿刻工藝又稱「鑿花」，始於春秋晚期，盛行於戰國時代，多用於金銀細部加工或裝飾工藝，至今依然為打金師傅們沿用。打金師傅會使用各種大小不同的鑿具，用小錘敲打鑿具，在器物表面留下各種凸凹和深淺不一的鑿痕，使之形成不同紋理的圖案，達到裝飾器物的效果。花紋的深淺均勻及圖案的層次美感，全憑打金師傅爐火純青的用錘功夫。

常見的鑿刻圖案紋樣有牡丹花、梅花、蘭花；自然景觀的雲、山、水浪；人物的八仙、壽星、觀音；動物的獅子、龍、鳳凰、飛鳥等。鏤空工藝，即利用鋒利的刻刀，按照設計的圖案花紋進行鐫刻，使之透空，形成虛實相間的佈局。

53　白芨是一種植物，用於製造植物性膠水，用於手工藝品製作上。

鑿刻和鏤空工藝既可用於平面雕刻,也可用於製作凹凸有致的浮雕式立體紋樣,裝飾於金器表面。

鑲嵌

從字面上的解釋,鑲嵌是指將一個物體嵌入另一個物體。根據考古發掘的證據,發現此工藝技術在中國早在新石器時代已經出現,在青銅器流行的時代,工匠會將綠松石等鑲嵌於青銅器的表面作裝飾用途。至春秋戰國時期,當時的工匠已懂得把幼細的金、銀絲組成的圖案和鑿刻上花卉圖案的金銀片鑲嵌在銅器上。時至今日,此工藝技術仍然被打金師傅廣泛使用,例如將寶石鑲嵌在金戒指之上等。

鎏金

從古到今,工藝品在完成前,都需要進行表面處理,使它的外表更為美觀,在電鍍和噴鍍技術尚未出現之前,鎏金是工匠普遍使用的工藝技術。鎏金又稱「燒金」、「火鍍金」或「汞鍍金」,考古學者在多個屬於春秋戰國時代的墓穴中,發掘出不少表面含有黃金的銅器,從而斷定此工藝技術早在春秋晚年時已經被發明和應用。漢代史籍中已有鎏金的記錄,例如《漢書·外戚列傳》:「昭陽舍,其中庭彤朱,而殿上髹漆,切皆銅,沓冒黃金塗,白玉階,壁帶往往為黃金缸」。《後漢書·祭禮志》:「檢用金縷五周,以水銀和金以為泥。」鎏金的具體工序如下,工匠將金塊錘成極薄的金箔或金片,去掉金片上粘附污物,再把純淨的金片用剪刀剪成金絲,放入坩堝裏,在火上作高溫加熱。然後,在黃金中加入適當比例的水銀(汞),使金絲熔解為液體,然後浸入

冷水盆裏，使之成為泥狀固體（又稱「金泥」或「金汞合劑」）。然後，金匠再利用銅棒混上鹽、礬等物質，將金泥輕抹在銅、銀質的工藝品表面，並將工藝品移入高溫爐火中烘烤，水銀遇熱不斷蒸發，金泥即凝固在器物表面。

貼金與包金

貼金，是一種裝飾性工藝，廣泛應用於裝飾在青銅器、鐵器、錫器、漆器、木器，以及玉器的表面。它是將錘鍱出的金片和金箔，根據需要裁剪出各種形狀或圖案，利用粘貼劑將之貼附在器物表面。

包金與貼金同樣是裝飾性工藝，但與後者不同的是，貼金需要黏接劑，包金則不用。包金的具體做法是將金片、金箔直接包扣在器物表面，邊緣部分再施以錘打或使用鉚釘作固定，使金片、金箔不至於脫落。

此兩種工藝在中國傳統社會盛行之原因，在於歷朝的黃金產量其實不多，以純黃金打造的器皿極少，但黃金的燦爛輝煌卻吸引着不少宮庭貴族和上流社會，為了滿足後者的炫富心理，打金工匠在各種器皿的表面包上一層黃金，也不失為一時之選。不過，貼金和包金工藝都會因日久或器物母體腐爛導致金層脫落，因此，考古學者經常在發掘點發現與原器分離的金片或金箔。

磨光

磨光，也稱「拋光」。從字義上解說，有修整的意思。金器製作成型後，表面較粗糙，由於從前沒有電動拋光工具，所以只能依靠打金工匠用人手作打磨，使首飾器物表面

平整光潔。磨光的具體方法：一般採用羊肝石、[54] 樸炭等先
將粗糙部分打磨掉，[55] 然後使用瑪瑙、皮革、頭髮團等反覆
擦拭，使器物表面鋥亮、圓滑、富有光澤。

　　隨着時間流逝，製作金飾的工序較從前簡化了不少。
在上世紀五六十年代，打金業還未進入機械化生產的年代，
打金師傅在沒有任何機器的輔助下，以全人手的方式製作金
飾。當時還未有專業的金飾設計，金飾的圖樣及具體的製作
方法主要是由打金師傅們共同研究出來。那時候，製作金飾
主要依靠模具和手鑿，有打金師傅會向從事模具生產的工場
購入模具，但由於當時全港從事模具生產的工場不多，只有
「天一」、「三興」和「七記」等，所以部分懂得製作模具的
打金師傅會選擇自己「砌模」。當時，即使只是製作戒指，
打金師傅都會先利用模具進行「吸模」。之後，打金師傅用
人手進行「掐絲」、「錘鍱」等，打造所需的形狀，並用手
批出各種不同的花紋，最後用人手進行「打磨」。[56] 換句話
說，整件金飾從零開始到製成品，都是以全人手完成，沒有
任何機器幫助。

◎　機械化生產與應用

　　自十九世紀以來，香港逐漸發展成為轉口港，在推動
中外貿易中扮演中介人的角色，不過，在輕工業的領域上，

54　羊肝石是一種礦物質，因外形和顏色酷似羊的肝狀而得名，質地溫潤。

55　當使用樸炭打磨金屬表面時，要先用鋸子將樸炭切成適當的大小，再將樸炭和
　　欲打磨的金屬表面以水沾濕後，用炭的年輪面來打磨。

56　綜合吳振騰先生和郭明義先生的訪問資料。

香港在第二次世界大戰前已有一定程度的發展，資本雄厚、
規模宏大、擁有過千名員工的大型工廠已經出現；[57] 戰前知
名的工廠包括馮強樹膠廠、利國興民織造有限公司、大華鐵
工廠、安樂園有限公司工廠、馬玉山糖果餅乾公司工廠、香
港天廚品精廠、淘化大同罐頭公司等，它們的產品在內地、
香港、東南亞，以至歐美皆享負盛名。[58] 直到韓戰爆發，受
着世界局勢急劇轉變所影響，香港難以繼續依賴轉口貿易而
生，尤幸有大批南來的上海和廣東工業家帶來了資金、技
術、機器和生產管理經驗，香港於是走上發展成為工業城市
的道路。[59] 從二十世紀五十至七十年代，紡織業、製衣業、
塑膠業、鐘錶業等依次崛起，成為支撐香港經濟的中流砥
柱，也養活了成千上萬的香港家庭。

　　隨着工業化的開展，輕工業帶動香港經濟急速起飛，
每年平均經濟增長率超過一成，人均 GDP 的增長也相當可
觀。[60] 直至七十年代，香港社會日漸富裕，普羅市民的消費
能力提高，對金銀珠寶首飾等奢侈品的需求與日俱增，同
時，他們對貨品的質素有更高的要求，金飾製造業的生產模
式也必須與時並進，從前的打金師傅都是「全科」，由「碌
片」、「拔線」至「撓圈」，每項工序都是由自己一手包辦，
一塊平平無奇的金片，經過他們的「手批」，可以製作成具

57　張曉輝：《香港華商史》（香港：明報出版社有限公司，1998），55-65。

58　張曉輝：〈近代香港的華資工業〉，《近代史研究》，1996 年 1 期：145-153。

59　有關當時南來香港的上海工業家的研究，可參 Wong Siu-lun, *Emigrant Entrepreneurs: Shanghai Industrialists in Hong Kong* (Hong Kong: Oxford University Press, 1988)。

60　饒美蛟：〈香港工業發展的歷史軌跡〉，載王賡武主編：《香港史新編》上冊（香港：三聯書店，1997），391-392。

立體感，像浮雕般的工藝品。不過，人手打造所需的生產時間始終較長，難以滿足市場上的需求。[61] 不少打金工場開始引入各種不同的機器輔助生產，希望在大幅提升生產力之餘，也能確保飾品本身的質素。

以周生生為例，它自二十世紀七十年代初開始已着手引進機器，例如在壓模的工序上使用「啤壓機」，利用機器進行壓模，不單可以提升產量，而且可以提高壓模的精細程度。以往生產各式各樣的金飾需要大量不同的模具，從前的模具全是由人手製造，往往需要三個月才能製成一件模具。有見及此，周生生從台灣引進了 CNC 火花機，[62] 只要利用電腦製作了一個模，火花機只需一星期就可以製造出一件模具，令企業有條件推出更多新款金飾。劉克斌先生認為，市民有購買力，公司有新款金飾，那就可以銜接整個供應鏈。直至七十年代中期，周生生已經有差不多半數的首飾是利用「失蠟鑄模技術」來製作，原理是將同一形態，同一款式的產品，不斷複製，既省卻時間，也能大幅提升產量，配合市場上的需求。[63] 所謂「失蠟鑄模技術」，具體的方法是首先將預先已製成的蠟模焊接到一根蠟棒上，使之成為一棵形狀貌似樹木的蠟模樹（俗稱「種蠟樹」），再灌入石膏粉固定位置，待凝固後放入電焗爐裏烘焙，蠟液在高溫下會被蒸發，利用澆鑄機將金水從水口注入石膏模內，使之成為一棵金樹，再放入冷水進行炸洗，石膏由於收縮作用而裂開，利

61　甘穎軒：〈訪劉克斌先生，2020 年 11 月 26 日〉。

62　火花機（Electrical Discharge Machining，簡稱 EDM），是一種機械加工設備，廣泛應用於各種複雜形狀的金屬模具和機械設備的製作上。

63　甘穎軒：〈訪劉克斌先生，2020 年 11 月 26 日〉。

用鋼刷和高壓清洗噴槍去掉表面的石膏，直到金樹表面回復乾淨。此時，打金師傅就可以將金樹上的首飾沿水口底部剪下和晾乾，由於金飾表面仍然是非常粗糙，要經過打磨，才能成為產品。[64]

　　就筆者在周生生珠寶金行有限公司在香港的打金工場進行實地考察時所見，工場內擺放了不少的機器，用作處理不同的製造工序。從前，將鑽石鑲嵌在金器上，完全依靠打金師傅的個人手工和技術，但鑽石的體積愈細小，鑲嵌的難度就愈大，有見及此，工場在十多年前引進微鑲鏡，鑽石在鏡下的大小可以放大至最高四十倍，讓工匠能夠更清晰和準確地進行鑲嵌的工序。以往打金師傅要使用錘鍱的方法，利用小槌將黃金打成薄片狀，錘完再用火燒，然後再錘，反覆多次，既耗費較長的時間，且對打金師傅的用槌技巧有高度的要求，為了提升生產效率和經濟效益，工場購買了壓片機，取代人手錘鍱。所謂「壓片」，是待注入鑄鐵槽中的金板冷卻後，再放在壓片機上進行粗壓。金銀板材約經過多次的反覆壓軋，方成為金飾製作工藝基本要求的版材。另外，「車花」的工序現在大多已是由機器處理。以前，打金師傅要用人手在金飾上雕刻各種花紋，或先製作蠟模，但無論是採用哪一種辦法，皆耗費較長時間和成本，尤其近年流行DIY產品，所需製作的紋理和圖案就更為複雜。因此，工場近年引進了五軸首飾雕刻機，設計師只要在電腦設定了程式，機器就會照着處理，雖然產品的神髓與昔日打金師傅們

64　根據自筆者於 2020 年 12 月 29 日在周生生珠寶金行有限公司位於香港工業中心一樓的生產工場的實地考察記錄。

的手藝相比有很大距離，但產能比從前提高很多。[65]

　　對於中小型工場，引入機器輔助生產有助提升生產力，「起貨」較從前快。從前做戒指，每一隻都是打金師傅以全人手打造，但現在利用機器倒模就成了，而且可以在很短時間內大量生產；[66] 又以生產金鍊為例，在未有機器前，所有金鏈都是以全人手製作，打金師傅要先做圓形的圈，再扣起它，然後再扭，每一串每一串地慢慢做，生產時間較長，而且產品的質素全憑打金師傅的個人技術和手藝而定。工場在使用機器後，生產的速度明顯加快，而且每件產品的品質也較平均，因為每個圈都是利用機器「撬」出來，無論大小和長度都是一致；款式也較從前多和複雜。這正好配合二十世紀七十年代首飾零售業的需要，因為香港經濟起飛，市民消費能力提高，對金飾的款式有更高要求，金舖有見及此，為求增加生意，競相引入更多款式新穎和漂亮的金鏈。[67]

　　雖然機器被大量應用在生產金飾上，但這並不代表它可以完全取代人手。工藝超卓的打金師傅在行業內仍有存在價值，「失蠟鑄模技術」只能用於量產，如果遇上顧客要求度身訂造飾品，它就無法處理。香港是華人社會，送禮的風氣在七八十年代十分盛行，人們在賀壽時多數都會訂造金飾，例如觀音大使、福祿壽三星、立體的壽桃等，又或者製作其他有特別意義或好意頭的擺件，如果打金工場擁有技藝

65　同上。

66　甘穎軒：〈訪張偉南先生、張汝榮先生，2021 年 3 月 20 日〉。

67　甘穎軒：〈訪鄺添合先生，2020 年 6 月 19 日〉。

高超，懂得全套工序的打金師傅，就有能力接到這些有特別
要求的訂單。這些訂單是無法以機器來完成，打金師傅的人
手雕工是無法被取代的。[68]

　　機器雖然可以大幅提升產能，但是每台機器的成本高
昂，對於規模較小的工場，無疑是很大的財政負擔，因此，
它們對於購置機器，大多會採取非常謹慎的態度。張華根先
生指出，他們從意大利購買一台普通織鏈機的成本大約是港
幣 20 萬元，還有無數配套要一併購置，所以在決定購置前
需要清楚計算成本效益，會先與不同持份者反覆商討，例如
「行街」、主管和老闆，甚至向其他同行打聽，衡量該部機
器所生產金鏈的款式有沒有足夠的市場空間；另外，他們還
需考慮能否處理機器本身的技術問題，因為當中有很多工序
和技術，外國的機器供應商未必會向你說明白，很多時候都
需要自行摸索。[69] 由於有多重的考慮，中小型工場根本無法
大量購置機器來處理各項生產工序，只能針對性地在部分主
要的工序購置機器輔助，其餘工序只有繼續依靠打金師傅用
人手處理。以安遜珠寶公司為例，它們購買機器編織金鏈，
但後續的工序全都是用人手進行，例如編織出來的金鏈有個
開口，必須利用人手進行火焊，混合焊粉再用火燒，金鏈才
不會輕易折斷。另外，每一間金舖所要求的尺寸不同，打金
師傅需要按訂單的要求將機織的金鏈進行裁剪，再將每個扣
扣緊，並扣上頭尾圈。[70]

68　甘穎軒：〈訪劉克斌先生，2020 年 11 月 26 日〉。

69　甘穎軒：〈訪張華根先生，2019 年 7 月 5 日〉。

70　甘穎軒：〈訪鄺添合先生，2020 年 6 月 19 日〉。

　　從外國進口的機器需要經過調校，才能適合本地打金工場的生產需要，例如來自意大利的機器多用於製作「K金」，如果要應用於生產足金金飾，就需要預先進行調校，這些工作都需要機械士來完成。在行內工作接近半世紀的機械士鄺添合先生在憶述他入行的經過時，向筆者坦言他是「半途出家」的，在學師時是做五金工，與黃金沒有半點兒的關係，由於他懂得操作織鏈機，因此才有入行的機會。除了調校機器，他的工作也包括「起機」（建立新機器）。所謂「起機」，其實是依據從外國購入的機器，自行建造全新的機器，以配合工場生產的需要，而這些新建的機器與購自外國的機器是一模一樣的。在知識產權的概念仍然很薄弱的年代，這做法在行業內中小型的工場十分普遍，因為可以省卻不少生產成本，從前向外國購買一台織鏈機就需港幣十多萬元，現在甚至要港幣 40 至 50 萬元，生產成本是非常昂貴的。即使是自行搭建機器，機械士也需因應訂單的要求而對生產所用的機器預先進行調校，以編織金鏈為例，雖然每台機器可以編織出多種款式的金鏈，但它們編織出來的粗幼是有限制的，由 30 絲到最多 60 絲的線，如果要編織 50 絲線的金鏈，就需要重新調校機器。當工場收到訂單時，機械士就會開啟最接近該尺寸的一台機器，根據生產的需要改動織鏈機的零件，使它能順利織出買家所要求的尺寸，免卻公司為了完成該筆生意而需要購買另一台全新的機器。[71]

　　今日，即使某些款式的金飾已經可以完全以機器完成，但在後工序的階段仍然需要用人手處理，例如打磨。雖

71　同上。

然不少工場都有打磨機或車摩打,但機器只能製作出一個美觀的光面,旁邊的披鋒需要利用人手進行修整和打磨。機器只能扮演輔助的角色,幫助企業和工場提高生產效率,但始終無法完全取代打金師傅。[72] 筆者在打金工場考察時,發現仍有不少的打金師傅用銼等工具對金飾進行打磨。[73] 另外,無論是連鎖式還是家庭式經營的金舖,仍有打金師傅留駐,負責首飾維修的工作。由於每一件金飾的狀況並不相同,所以主要做維修的打金師傅需要對每一個工序都相當熟悉,才能夠在短時間內替客人的首飾找出損毀的地方,並即時進行維修工作。[74]

◎　小結

在普及教育未曾發展時,香港社會上階級流動的機會不多,一般年青人如果無法晉身成為白領階層,就只能透過成為學徒,學習一技之長,逐步攀上成為師傅。然而,要順利地走過學徒的階段殊不容易,天資聰敏之餘,還必須勤奮向學,刻苦耐勞,才能獲得師傅的青睞,傾囊相授,中途因捱不住而離開者也大不乏人。由於在行業內沒有統一的考核標準,所以能否「畢業」全憑師傅的主觀判斷,學徒一般經過三至五年的學習,大致能夠掌握與打金相關的工藝技術。

72　甘穎軒:〈訪顏卓偉先生,2020 年 12 月 29 日〉。

73　根據自筆者在周生生珠寶金行有限公司和安遜珠寶公司的生產工場的實地考察記錄。

74　馬木池:〈伴我成長的故事 ── 周大福珠寶金行有限公司史略〉,301;甘穎軒:〈訪張偉南先生、張汝榮先生,2021 年 3 月 20 日〉。

打金業是多勞多得的，工藝技術超群且生產能力高的師傅很多都是「件工」，每月拿取的工資與他的生產力掛鈎，「件工」師傅較拿取月薪的師傅吃香，因為僱主普遍較重視前者，因此他們的工作自由度也相對較後者為大。

從前，所有的金飾器物都是以手作的方式製造，打金師傅從熔金、錘鍱、拔絲、鑿刻、鑲嵌、打磨、拋光等工序，皆是以全人手方式進行。以手批方式生產的金飾固然能夠展示打金師傅高超的工藝技術，但是每一件製成品需要較長的生產時間，無法做到大量生產。然而，香港社會自二十世紀七十年代經濟迅速發展，市民的收入大增，不論是作投資保值，還是用作個人穿戴，對金飾的需求增加，對產品的款式也有更高的要求，加上不少來自海外的訂單，市場對金飾的需求量大增。隨着市場轉變，不論大小工場，皆需要改變自己的生產模式以配合新時代的需要，在不同的工序上購置機器進行大量生產。不過，手藝高超的打金師傅仍然吃香，因為有特別要求的金飾擺件是無法以機器完成，需要打金師傅以手批的方式處理。另外，從外國購入的機器是需要經過機械士的調校，才能夠在生產上發揮最大效能。而且，機器只屬輔助性質，在操作上仍需由工人來進行。由此可見，機器的應用無疑是縮短了生產的時間，且能大幅提升產能，但並不表示它們可以完全取代人手，打金師傅在行業內仍有他們的位置。

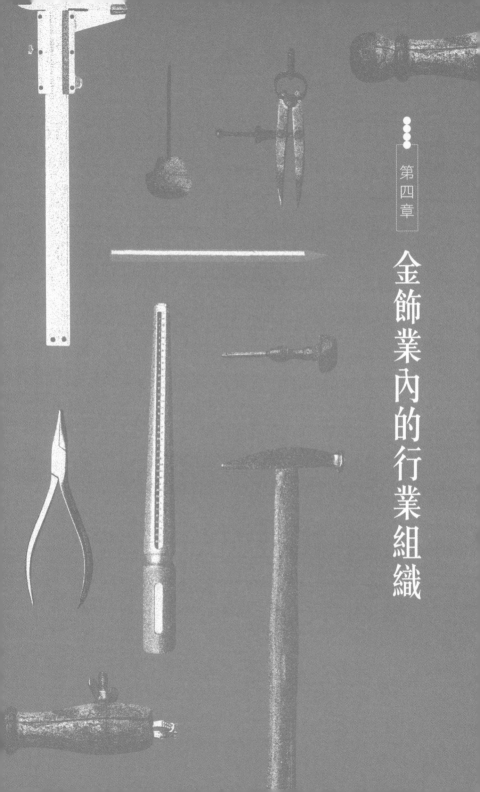

金飾業內的行業組織

　　在西方社會，商會是商人們自發組織的非政府機構，就着群體內共同關心的議題展開討論，凝聚共識，對外宣傳及維護商人群體的利益。商會的歷史最早可以追溯至文藝復興時期，1599 年法王亨利四世委託馬賽的商人組織機構，統籌受奧斯曼帝國迫害的基督徒商人的貿易活動。[1] 隨着帝國向外擴張，在海外從事貿易活動的英國商人也紛紛組織起來，1768 年在紐約成立的 The New York Chamber of Commerce，是英國商人在北美成立的第一個商會組織。[2] 踏入十九世紀，西風東漸，清政府於鴉片戰爭戰敗，香港被迫接受英國的殖民統治，洋商在政治和商業上擁有絕對優勢，華商要與之競爭，惟有組織華商團體，集合力量，以群聚的方式，在港英政府前爭取發聲的機會，捍衛自己的權益，前身是華商公局的香港中華總商會，就是在此背景下誕生。[3] 自此之後，華人商會如雨後春筍，有些是地域色彩濃厚的各邑商會，也有部分是帶有業緣性的行業商會，它們在香港社

1　John McCusker, *History of World Trade Since 1450* (Farmington Hills: Cengage Gale, 2005), 117-118.

2　Ibid., 118.

3　周佳榮：《香港中華總商會百年史》（香港：香港中華總商會，2002）。

會皆扮演着重要角色。[4]

　　在奉行資本主義的歐美社會，工會最初被視為是危害市場自由運作的東西。它早於十八世紀已經出現，是工業革命的衍生產物。工業革命增強了歐洲列強的整體工業生產力，卻催生了對勞動階層的剝削，工人為了爭取改善待遇和工作環境，遂組織工會與資方和政府周旋。早期的工會規模小，在法律上沒有地位，大多只是為了特定議題或事件而臨時組織的，缺乏持久性。直至 1900 年英國工黨創立，工會在社會上的地位才得到顯著提升。[5] 在二十世紀初，工會組織作為舶來品，曾經為香港社會和經濟帶來了不少衝擊。1922 年由華人海員組成的工會組織大罷工，成功癱瘓香港的對外海洋運輸達數月之久，迫使資方答允改善華籍海員的薪酬待遇。[6] 第二次世界大戰後，香港百業蕭條，經濟不景，民生困苦，各行各業的從業員紛紛組織工會，一方面爭取勞方權益，另一方面為會員籌辦各類福利事業和文娛康樂活動，為枯燥乏味的生活增添樂趣。

　　本章旨在探討以下的問題：究竟香港何時開始有金飾業商會呢？它的歷史發展和具體職能是怎樣？除了商會，金飾業內有否其他具代表性的行業工會？它們的歷史是怎樣？過去，它們在行業內扮演着甚麼角色？它們具體的工作又是怎樣？

4　張曉輝：《香港華商史》（香港：明報出版社，1998），145-146。

5　Keith Laybourn, *A History of British Trade Unionism* (Stround: Sutton Publishing Ltd., 1992), 1-4.

6　周奕：《香港工運史》（香港：利訊出版社，2009），第三章。

◎　金飾商會的歷史：由香港唐裝首飾商業會說起

　　數香港金銀首飾業最早的同業組織，可追溯至 1926 年
成立的香港唐裝首飾商業會。該會以「維持本行商業，聯結
同人感情，增進事業發達，以謀同業公共福利，實現互助精
神」為成立宗旨。在初始的階段，會員數量不多，只有大約
十多名成員商號，鑑於當時港九新界交通不便，早期參加的
商號主要以中、上環及下環的商號為主，[7] 但也歡迎其他地區
的同業加入。商會經費主要依靠會員商號所繳納的一次性基
本金和每月會費支撐。商會每年都會舉行選舉，選出正、副
主席、司庫、文牘、宣佈員、幹事兼稽查等共十三名幹事，
所有會員商號皆可以參選及投票。

　　香港唐裝首飾商業會在成立初期，訂立了不少行規，
要求會員遵守，目的是盡量避免同業之間的惡性競爭，造成
兩敗俱傷，令各商號皆成為受害者。根據《香港唐裝首飾商
業會草章》（以下簡稱《草章》），商會統一金價，每天由商
會主席查詢行情定出報價，再由商號派員輪值擔任的報價主
任行走區內各商號通報當日的金價。商會容許商號以高於通
報的金價出售黃金首飾，但絕不容許平賣，以免商號之間爆
發減價戰，或有實力雄厚的大商號以本傷人的情況發生，既
不利同行之間的情誼，也影響商號的收入及員工的生計。如

7　下環即今日的灣仔。在香港開埠初期，港島的人口主要集中在香港島的北面，
　　當時香港政府將灣仔至西環的臨海地區劃定「四環九約」。「四環」即西環、上
　　環、中環和下環，雖然香港政府於 1881 年已將下環改稱灣仔，但民間社會於
　　第二次世界大戰前仍普遍以「下環」稱呼該地。詳參丁新豹、黃迺錕：《四環九
　　約：博物館藏歷史圖片精選》（香港：香港博物館，1994）。

有任何商號被發現不遵守報價，一經查明屬實，商會將處以大額罰款以示懲罰，為了鼓勵舉報違規者，商會將所得罰款之部分賞予舉報者，以示報酬。若被罰之商號不遵守罰則，會被視為商會中同寅的公敵。雖然在商言商，商會並無明文阻止會員商號與該違規商號保持生意上的往來，但規定如買入該號之金飾必需打折，如是該號來金打造首飾，則需收取較高的工錢。商會所訂出的罰則不單針對商號，也包括行業內的從業員。按照《草章》規定，如果有會員商號違反商會規則而不遵守罰則，則該違規商號的員工必須於一個月內離職，否則也會被視為商會之公敵，其他會員商號不得聘用該員工，否則聘用者也會遭到商會罰款。不過，如果被罰者願意痛改前非，只要繳清罰款，及致函商會道歉，則會獲接納恢復其會員的資格。[8]

表 3：香港唐裝首飾商業會草章（1926 年）

1.	（定名）本會定名為香港唐裝首飾商業會
2.	（地址）本會地址在香港上環大馬路 233 號 3 樓
3.	（宗旨）本會以維持本行商業，聯結同人感情，增進事業發達，以謀同業公共福利，實現互助精神為宗旨
4.	（會員）本會會員以上中下環同業用該號名義加入為合格，其餘別處願加入者聽從其意，一經入會應守本會公定章程
5.	（基本金）凡屬本會員者，先繳納基本金伍拾元以為永遠基礎
6.	（經費）本會暫定每月每家擔負，費用銀叄元，如有盈餘或不足，再由公議加減之
7.	（職員）本會擬舉正主席一名、副主席一名、司庫一名、文牘一名、宣佈員一名、幹事兼稽查八名，凡屬會員有選舉及被選舉權

8　香港唐裝首飾商業會：《香港唐裝首飾商業會草章》（1926 年），由九龍珠石玉器金銀首飾業商會提供。

（續上表）

8.	（任期）被選職員以任期一年為限，如辦事得力者，由公眾許可得繼任之，所有職員皆當義務不支薪金，如任期內職員有專權舞弊者，反對公意者，得由會員提出討論，經眾表決者得取銷其現任職權，另舉充補
9.	（定沽金價）以十足金葉價值為本位，暫定每兩加價壹元伍毫為率，定於丙寅年舊曆七月初十日起為實行期
10.	（遵守報價）每日報價由當值主任查詢行情伸訂，每元合沽若干，在下午八點鐘以前佈告，凡屬會員明白必須照所報行情發沽，不得賣平，如賣高者，聽從其便，並由本會製備木鏡架一種，每會員分發一面，懸掛與否，隨人自由
11.	（報價主任）以每月輪值一次，週而復始，並由本會酌給伍元以為當值酬勞費，如在灣仔營業者免其輪值
12.	（罰款）凡屬會員均要遵守所定章程，如有照價賣平者，一經查明有據，罰銀伍十元正以威，十伍元為見證人充賞，其餘貳十伍元撥充本會經費，如不遵罰者，即召集大會共同照章對待
13.	（凡屬會員）均負稽查之責，如有破壞行情者，即行報告主席，毋得徇情
14.	（凡屬本會會員）均要遵照定價發沽，如有破壞者，無論何人，得報告本會同人，得知查明有據，照章賞給
15.	（會議）每月敘會一次，由當值主任派簽通知各號司理人攜簽到會，如司理人不暇，須委派代表，但該代表必要能全權代表該號方可，如不到議，每次罰銀壹元，概充本會經費，如有特別事故，則由主席隨時召集會議
16.	（正副主席之責任）凡屬會議議決各事，交正主席執行，副主席助理一切，如遇正主席有事，則由副主席攝理之
17.	（司庫之責任）本會收支各款統歸司庫掌管，所有數目，須每屆常會宣佈一次，如收入各會友基本金及月費公款多至佰元者，則由司庫會同主席用該號圖章會銜，附儲本港殷實銀行，但每銀行不得附儲過壹千元以重公款
18.	（文牘之責任）本會議事時紀錄本會議案部及本會一切對外對內函件
19.	（幹事之責任）本會事務由幹事勸助主席進行一切事務
20.	（對待破壞本會章程者之金飾）如有會員破壞章程，既經查明有據，而尚不遵罰者，視為本會公敵，凡我會友對於該號之金飾，如有買入，須照時價八折方可買受，如來金打首飾者，則每錢除貳分計，如違罰銀伍十元正
21.	（對待破壞章程者伙伴）如有會員破壞章程有據，尚不遵罰者，所有該號伙伴如一月內不脫離該號者，皆為本會公敵，凡我會友不得僱用該號伙伴，如違罰銀伍十元正

（續上表）

22.	（對待破壞章程之外工）如有會員破壞章程有據，尚不遵罰者，則用本會名義致函警告該號之外工，着與該號脫離關係，如該外工不受本會警告者，凡我會友，不得與該外工交易，如違罰銀伍十元正
23.	（道歉）如有會員破壞章程，由本會同時施行第廿條至廿二條章程對待，倘該號如果覺悟，可遵繳罰款，並致函本會道歉，本會則立刻恢復其為會員資格
24.	（如有人因指證破壞行規）而各執一詞者，當令兩造各具誓章，禱告神明，以明心跡，該罰款由本會支出，賞給證人
25.	（附則）以上章程，如未妥協完備，得由公眾議決，隨時刪改或加增，一經公決，則發生效力
26.	（以上章程）經於丙寅年七月初四日開全體大會，經眾議決，准於七月初十日實行，照章程施行

資料來源：香港唐裝首飾商業會：《香港唐裝首飾商業會草章》（1926 年），由九龍珠石玉器金銀首飾業商會提供。

在二十世紀三十年代，商會最關注的是針對金舖的劫案。為此，香港唐裝首飾商業會竭力指導會員加強店舖的保安，例如在店內安裝警鐘，及要求會員派出強健夥計隨時候命，一旦鄰近店號發生搶劫事情，各方立刻奔往施救，協助捉拿及兜截可疑人士。[9] 當劫案發生後，商會會代表同業與各方交涉，冀能對事件作出最佳的善後處理，例如在 1937 年 3 月 22 日發生的天福金舖劫案後，商會立刻召開會議，議決由商會主席修函，請當時的立法局華人議員羅文錦轉呈警察總監，請其設法保衛商民治安，緝拿劫匪，從速消滅匪患。[10] 同時，商會向外公佈了由天福金舖開列的失贓清單，呼籲同業如見有人攜帶開列清單上之物品來店求售，務必小

9　《天光報》，1937 年 3 月 25 日，3。
10　《天光報》，1937 年 4 月 13 日，3。

心查明，如是賊贓，必須報警處理。[11]

　　筆者在戰後復員初期的官方文件和往來書函中，再也看不見香港唐裝首飾商業會的名字，取而代之，是九龍珠石玉器金銀首飾業商會和香港珠石玉器金銀首飾業商會。筆者估計，香港唐裝首飾商業會在日治期間已處於停擺的狀態，甚至已經被迫解散，戰後，由部分金飾業內人士發起，重新組織新商會，取代原來香港唐裝首飾商業會的位置。兩個新商會之間的關係非常微妙，雖然它們早在 1946 年已分別向香港政府華民政務司登記為社團組織，有自己的商會章程和營業細則、獨立的理事會，理事長、副理事長、會員申請表、公函信箋和印鑑等，但卻共同委託同一律師樓代為處理與香港政府的往來公函，無論是律師樓還是香港政府的財務部門，在公函中皆以「Hong Kong and Kowloon Jewellers and Goldsmiths Association」來統一稱呼兩個商會；而呈交給香港政府的文件，兩個商會很多時都以聯合的方式呈交。由此可見，兩個商會的關係相當密切。

表 4：香港珠石玉器金銀首飾業商會章程 （1946 年）

第一章：總綱
1.　本會定名為「香港珠石玉器金銀首飾業商會」
2.　本會以遵守法律，尊重商德，務求增進同業之公共利益及聯絡同業之感情為宗旨
3.　本會以香港行政區為區域
4.　本會會址設在香港皇后大道中二八八號四樓

---

11 《天光報》，1937 年 3 月 27 日，4。

（續上表）

第二章：會務
5. 本會應辦事項包括：甲、關於同業之調查、研究、改良、建設之事項；乙、關於金融報價事項；丙、關於會員與會員或會員與非會員之爭執，經會員請求之調解事項；丁、關於監督興辦同業公益事項；戊、關於舉辦公益及慈善事項
6. 本會辦理前條列舉事項，於必要時得聯合其他團體協助之

第三章：會員
7. 本會會員以商號為單位，凡華資經營之珠石玉器金銀首飾商店，其東主或司理人，得代表之
8. 具前條資格請求加入本會之同業，須得會員一人介紹，登記填具志願書，經理事會審查通過後，得為本會會員，並由本會給予憑証
9. 會員應享受之利益：甲、有選舉權及被選舉權；乙、有提議權及表決權；丙、有享受本會所興辦各種事務之利益
10. 會員應盡之義務：甲、遵守本會會章一切規則及決議案；乙、接受委辦事項；丙、繳納會費；丁、應本會諮詢及調查事項；戊、不侵害及詆　他會員之營業
11. 凡會員有不遵守本會章則及決議案之規定者，除條文已有處罰辦法，應由理事會執行外，餘均提交常會解決之
12. 凡會員除發生第十三條甲款之情形，如欲聲請退會者，本會概不受理
13. 有以下情形之一者，不得為本會會員或會員之表：甲、受破案之宣告而未復權者；乙、犯居留地政府法律，經法庭判決者
14. 本會會員委派代表時，需給以委託書，呈交理事會，改派時亦同

第四章：組織
15. 本會最高執行機關為理事會
16. 會員大會選出二人為正、副理事長，一人為司庫，及理事七人，組成理事會，負責執行其決議案，並選出監事五人，組成監事會，以票數最多者任監事長，專責督促糾正理事會工作
17. 理事七人連同正、副理事長、司庫，經常推動本會工作
18. 理事會正、副理事長為本會當然主席，對外代表本會，對內領導理事會執行工作
19. 本會除辦理一切正常會務外，並擬設立體育部以鍛鍊身體、音樂部以備會員來會娛樂，凡本會同人，均有享受及設立上項之義務

（續上表）

20.	本會得敦聘社會名流及有協助本會會務者為名譽會董或顧問
21.	本會得聘用適宜人員辦理會務，其薪津由本會支給，其薪額由理事會核定之
22.	本會職員均名譽職，任期一年，期滿得連選連任，惟不得連任至三屆以上
23.	理事會有下列情形之一者，應即解任：甲、有不得已事故，請求辭職，經本會許可者；乙、發生第十三條各款情形之一者

第五章：會議選舉

24.	本會會議分會員大會、常會、理事會、監事會議及緊急會議五種，除監事會議外，均由理事長負責召集之
25.	本會以會員大會為最高機關，定每年元誕日召開大會一次，常會及理事會議則每月召開一次，至緊急會議於必要時則臨時召集之
26.	會員大會選舉時之投票單位，以每一商號為一單位
27.	本會舉行各種會議，須有全體之過半數出席之同意行之，惟遇緊急事項極待解決，不宜延緩者，雖出席代表不足法定人數時，亦得依時開會，其表決辦法，以多數取決之
28.	各會員經通告集會後而缺席或遲到早退者，對於決議各案，均須默認
29.	常會定每月一日開會，理事會議定十五日開會
30.	監事會須要開會時，得由監事長負責召集之
31.	下列事項應由會員大會決定之：甲、變更會章；乙、職員之退職
32.	會員大會主席由理事長兼任為主席，缺席則由副理事長兼任，正、副理事長皆缺席時，由理事會互推一人為臨時主席
33.	如有特別事項，須組織特別委員會時，本會理事長應為特別委員會主席

第六章：經費

34.	本會經費以下列各欵充之：甲、會員基金：凡新入會之會員於入會時，一次過繳納基本金港幣壹佰元正（此欵概不發還）；乙、會員月費：會員月費暫定每月港幣壹拾元，各會員應於每月份之開始如數繳納，倘遇收支不相抵時，該月費金額得酌量增減之；丙、臨時費：遇有興辦重要事業或因經費不敷時，得徵收之；丁、特別捐：遇有特別事故，須籌募欵項時，得向會員及外界請求特別捐助，或以其他方法籌募；戊、其他收入

（續上表）

35.	前條之丙項，須經理事會之決議，監事會之審查；丁項，須經會員大會之決議，方得舉行
36.	本會收支方法、規定、預算、決算、每月將收支數目，彙列公佈之
第七章：附則	
37.	會員之代表者，倘不幸仙遊，本會當聯同全體會員，執紼致祭，祭品由本會酌辦
38.	本章程由會員大會通過之日起施行，並呈請香港政府備案
39.	本章程如有未盡事宜得隨時提出，會員大會修改之

資料來源：香港珠石玉器金銀首飾業商會：《香港珠石玉器金銀首飾業商會章程》（1946年），收錄於香港特別行政區政府檔案處，檔案編號：HKRS837-1-52。

表5：香港珠石玉器金銀首飾業商會營業細則（1946年）

1.	凡在香港區域華資經營珠石玉器金銀首飾生意之商店，一律加入本會
2.	如有未經入會之商店，當由理事會勸告，請求加入本會，藉資團結一致，共謀同業之利益
3.	如有珠石玉器金銀首飾商店，經本會之勸告，仍不入會者，當由本會通告全體同業，與之經濟絕交，不予買賣該號貨物
4.	各商號沽出金飾或金塊，須以十足成色為本位
5.	各商號沽出金飾，須遵照本會每日發出之報價單，公價交易，不得擅自低折
6.	各商店沽出金飾，倘本會有編定價目表時，其工資應按本會所訂之價目表取值
7.	規定每年休息日期如下：甲、新曆元旦 休息一天；乙、舊曆元旦 休息一天；丙、八月孔聖誕 休息一天；丁、雙十日休息一天；戊、農曆十二月初六日先師寶誕暨本會成立紀念休息一天；己、如有特別慶典或紀念日期須要休息時，得由理事會臨時通告執行 ・附註1：以上休息日期，須全體共同遵守，如有開門營業或私自買賣，經指証屬實者，作觸犯細則論 ・附註2：倘於休息日期開門營業，致被檢舉，應即遵罰，並限於半小時內閉門休息，否則作連續觸犯論 ・附註3：倘於休息日期發覺某號全店內任何部分或任何人等買賣珠石玉器金銀首飾時，仍作該號觸犯細則論 ・附註4：在休息日期內，停止一切交收，如屬以前定貨，有客到取，不在此例，否則仍作觸犯論

（續上表）

8.	各商店在一年內如觸犯本細則第三、五、六、七條之規定，經查明屬實者，第一次罰欵伍拾元，第二次罰欵壹佰元，第三次則除名出會，其犯規之次數，係指同樣而言，倘同日內犯兩條或四條或同條規例者，得分科其罰金，亦得分錄其犯第幾條第幾次
9.	各會員如發覺某商店觸犯本細則第三、五、六、七條之規定者，得隨時報會檢舉之，檢舉屬實者，得將罰金之半數給予以昭獎勵，倘有知情不報，一經查覺，當一併處罰，如屬砌詞誣告，挾仇陷害，經查明屬實，除責令誣告人直接向被告人賠償名譽損失外，併照本細則第八條辦理
10.	倘被罰款之商號，應於奉到通知書三日內，攜欵到會繳納罰欵，倘逾期，經本會之催促，三日內仍不遵罰繳欵者，則除名出會
11.	倘有會員勾結外界而鎜同業之舖戶經營本行業務者，本會當嚴厲制裁之
12.	規定每月份之五至十日為徵收會費之期，各會員務希依期繳納
13.	如有積欠會費壹個月者，罰欵五元，欠兩個月者，罰欵廿拾元，欠三個月者，除名出會
14.	被除名出會之會員，與本細則第三條之不入會者，同一待遇
15.	被除名出會後，倘欲再行加入者，需再繳基金及將所欠各費或罰金補繳清楚，併經本會同意，得再為本會會員
16.	本會召集各種會議，各會員於接到集會通知書後，應於規定時間，依期出席，如有遲到、早退或缺席者，每次罰欵弍元（規定逾通知書指定集會時間逾三十分鐘，即為遲到，在未散會之前，未經主席許可而擅自離會者，作為早退）
17.	每年筵席敘會日期如下：甲、農曆元年初七日舉行春茗聯歡宴會；乙、農曆十二月初六日慶祝先師寶誕暨本會成立紀念宴會；丙、如有特別慶典或紀念日期須要宴會時，得由理事會通告執行之
18.	本細則由會員大會決議通過施行
19.	本細則如有未盡事宜，得由會員大會議決，隨時修改之

資料來源：香港珠石玉器金銀首飾業商會：《香港珠石玉器金銀首飾業商會營業細則》（1946 年），收錄於香港特別行政區政府檔案處，檔案編號：HKRS837-1-52。

表6：九龍珠石玉器金銀首飾業商會章程（1946年）

第一章：總綱

1.	本會定名為九龍珠石玉器金銀首飾業商會
2.	本會以遵守法律，尊重商德，務求增進同業之公共利益及聯絡同業之感情為宗旨
3.	本會以九龍行政區為區域
4.	本會會址設在九龍彌敦道五零四號三樓

第二章：會務

5.	本會應辦事項包括：甲、關於同業之調查、研究、改良、建設之事項；乙、關於金融報價事項；丙、關於會員與會員或會員與非會員之爭執，經會員請求之調解事項；丁、關於監督興辦同業公益事項；戊、關於舉辦公益及慈善事項
6.	本會辦理前條列舉事項，於必要時得聯合其他團體協助之

第三章：會員

7.	本會會員以商號為單位，凡華資經營之珠石玉器金銀首飾商店，其東主或司理人，得代表之
8.	具前條資格請求加入本會之同業，須得會員一人介紹，登記填具志願書，經理事會審查通過後，得為本會會員，並由本會給予憑証
9.	會員應享受之利益：甲、有選舉權及被選舉權；乙、有提議權及表決權；丙、有享受本會所興辦各種事務之利益
10.	會員應盡之義務：甲、遵守本會會章一切規則及決議案；乙、接受委辦事項；丙、繳納會費；丁、應本會諮詢及調查事項；戊、不侵害及詆　他會員之營業
11.	凡會員有不遵守本會章則及決議案之規定者，除條文已有處罰辦法，應由理事會執行外，餘均提交常會解決之
12.	凡會員除發生第十三條甲款之情形，如欲聲請退會者，本會概不受理
13.	有以下情形之一者，不得為本會會員或會員之表：甲、受破案之宣告而未復權者；乙、犯居留地政府法律，經法庭判決者
14.	本會會員委派代表時，需給以委託書，呈交理事會，改派時亦同

第四章：組織

15.	本會最高執行機關為理事會

（續上表）

16.	會員大會選出二人為正、副理事長,一人為司庫,及理事七人,組成理事會,負責執行其決議案,並選出監事五人,組成監事會,以票數最多者任監事長,專責督促糾正理事會工作
17.	理事七人連同正、副理事長、司庫,經常推動本會工作
18.	理事會正、副理事長為本會當然主席,對外代表本會,對內領導理事會執行工作
19.	本會除辦理一切正常會務外,並擬設立體育部以鍛鍊身體、音樂部以備會員來會娛樂,凡本會同人,均有享受及設立上項之義務
20.	本會得敦聘社會名流及有協助本會會務者為名譽會董或顧問
21.	本會得聘用適宜人員辦理會務,其薪津由本會支給,其薪額由理事會核定之
22.	本會職員均名譽職,任期一年,期滿得連選連任,惟不得連任至三屆以上
23.	理事會有下列情形之一者,應即解任:甲、有不得已事故,請求辭職,經本會許可者;乙、發生第十三條各款情形之一者
第五章:會議選舉	
24.	本會會議分會員大會、常會、理事會、監事會議及緊急會議五種,除監事會議外,均由理事長負責召集之
25.	本會以會員大會為最高機關,定每年元旦日召開大會一次,常會及理事會議則每月召開一次,至緊急會議於必要時則臨時召集之
26.	會員大會選舉時之投票單位,以每一商號為一單位
27.	本會舉行各種會議,須有全體之過半數出席之同意行之,惟遇緊急事項極待解決,不宜延緩者,雖出席代表不足法定人數時,亦得依時開會,其表決辦法,以多數取決之
28.	各會員經通告集會後而缺席或遲到早退者,對於決議各案,均須默認
29.	常會定每月一日開會,理事會議定十五日開會
30.	監事會須要開會時,得由監事長負責召集之
31.	下列事項應由會員大會決定之:甲、變更會章;乙、職員之退職
32.	會員大會主席由理事長兼任為主席,缺席則由副理事長兼任,正、副理事長皆缺席時,由理事會互推一人為臨時主席
33.	如有特別事項,須組織特別委員會時,本會理事長應為特別委員會主席

（續上表）

第六章：經費	
34.	本會經費以下列各欵充之：甲、會員基金：凡新入會之會員於入會時，一次過繳納基本金港幣式佰元正（此欵概不發還）；乙、會員月費：會員月費暫定每月港幣壹拾元正，各會員應於每月份之開始如數繳納，倘遇收支不相抵時，該月費金額得酌量增減之；丙、臨時費：遇有興辦重要事業或因經費不敷時，得徵收之；丁、特別捐：遇有特別事故，須籌募欵項時，得向會員及外界請求特別捐助，或以其他方法籌募；戊、其他收入
35.	前條之丙項，須經理事會之決議，監事會之審查；丁項，須經會員大會之決議，方得舉行
36.	本會收支方法、規定、預算、決算、每月將收支數目，彙列公佈之
第七章：附則	
37.	會員之代表者，倘不幸仙遊，本會當聯同全體會員，具儀祭輓（每商號科欵五元）
38.	本章程由會員大會通過之日起施行，並呈請香港政府備案
39.	本章程如有未盡事宜得隨時提出，會員大會修改之

資料來源：九龍珠石玉器金銀首飾業商會：《九龍珠石玉器金銀首飾業商會章程》（1946年），收錄於香港特別行政區政府檔案處，檔案編號：HKRS837-1-37。

表 7：九龍珠石玉器金銀首飾業商會營業細則（1946年）

1.	凡在九龍區域華資經營珠石玉器金銀首飾生意之商店，一律加入本會
2.	如有未經入會之商店，當由理事會勸告，請求加入本會，藉資團結一致，共謀同業之利益
3.	如有珠石玉器金銀首飾商店，經本會之勸告，仍不入會者，當由本會通告全體同業，與之經濟絕交，不予買賣該號貨物
4.	各商號沽出金飾或金塊，須以標準成色為本位
5.	各商號沽出金飾，須遵本會每日發出之報價單，公價交易，不得擅自低折
6.	各商店沽出金飾，倘本會有編定價目表時，其工資應按本會所訂之價目表取值

（續上表）

7.	規定每年休息日期如下：甲、新曆元旦　休息一天；乙、舊曆元旦　休息一天；丙、八月孔聖誕　休息一天；丁、雙十日休息一天；戊、農曆七月初五日本會成立紀念　休息一天；己、農曆十二月初六日先師寶誕　休息一天；庚、如有特別慶典或紀念日期須要休息時，得由理事會臨時通告執行 · 附註1：以上休息日期，須全體共同遵守，如有開門營業或私自買賣，經指證屬實者，作觸犯屬細則論 · 附註2：倘於休息日期開門營業，致被檢舉，應即遵罰，並限於半小時內閉門休息，否則作連續觸犯論 · 附註3：倘於休息日期發覺某號之店內任何部分或任何人等買賣珠石玉器金銀首飾時，仍作該號觸犯細則論 · 附註4：在休息日期內，停止一切交收，如屬以前定貨，有客到取，不在此例，否則仍作觸犯論
8.	各商店在一年內如觸犯本細則第三、五、六、七條之規定，經查明屬實者，第一次罰欵伍拾元，第二次罰欵壹佰元，第三次則除名出會，其犯規之次數，係指同樣而言，倘同日內犯兩條或四條或同條規例者，得分科其罰金，亦得分錄其犯第幾條第幾次
9.	各會員如發覺某商店觸犯本細則第三、五、六、七條之規定者，得隨時報會檢舉之，檢舉屬實者，得將罰金之半數給予以昭獎勵，倘有知情不報，一經查覺，當一併處罰，如屬砌詞誣告，挾仇陷害，經查明屬實，除責令誣告人直接向被告人賠償名譽損失外，併照本細則第八條辦理
10.	倘被罰款之商號，應於奉到通知書三日內，攜欵到會繳納罰欵，倘逾期，經本會之催促，三日內仍不遵罰繳欵者，則除名出會
11.	倘有會員勾結外界而毀同業之舖戶經營本行業務者，本會當嚴厲制裁之
12.	規定每月份之五至十日為征收會費之期，各會員務希依期繳納
13.	如有積欠會費壹個月者，罰欵五元，欠兩個月者，罰欵廿拾元，欠三個月者，除名出會
14.	被除名出會之會員，與本細則第三條之不入會者，同一待遇被除名出會後，倘欲再行加入者，需再繳基金及將所欠各費或罰金補繳清楚，併經本會同意，得再為本會會員
15.	本會召集各種會議，各會員於接到集會通知書後，應於規定時間，依期出席，如有遲到、早退或缺席者，每次罰欵弍元（規定逾通知書指定集會時間逾三十分鐘，即為遲到，在未散會之前，未經主席許可而擅自離會者，作為早退）

（續上表）

16.	每年筵席敘會日期如下：甲、農曆元年初五日舉行春茗聯歡宴會；乙、農曆七月初五日慶祝本會成立週年紀念日宴會；丙、農曆十二月初四日恭祝先師寶誕宴會；丁、如有特別慶典或紀念日期須要宴會時，得由理事會通告執行之
17.	本細則由會員大會決議通過施行
18.	本細則如有未盡事宜，得由會員大會議決，隨時修改之

資料來源：九龍珠石玉器金銀首飾業商會：《九龍珠石玉器金銀首飾業商會營業細則》（1946年），收錄於香港特別行政區政府檔案處，檔案編號：HKRS837-1-37。

　　比較香港珠石玉器金銀首飾業商會及九龍珠石玉器金銀首飾業商會的章程和營商細則，差別其實不大。兩個商會的會員皆以商號為單位，由它們的東主或司理作代表。無論在機構組織、選舉辦法、會務及會員資格等方面，兩會也是完全一樣。只是在會員的基本金金額上，香港珠石玉器金銀首飾業商會的會員所需繳納的金額較九龍珠石玉器金銀首飾業商會的會員少，相信與前者的會員數量較後者多有關，截至1949年4月，香港珠石玉器金銀首飾業商會共有146個會員商號，九龍珠石玉器金銀首飾業商會只有73個會員商號。[12] 不過，如果將兩會的章程與香港唐裝首飾商業會的章程相比，不論在會務範圍、入會資格、會員的權益與義務、罰則、會議安排、選舉程序及連任的規定等方面，均較後者細緻，由此可見，商會在經過了二十多年的經營，在運作上已累積了相當的經驗。

　　當時，香港政府相當重視兩個商會，其一是它們在行

12 《香港珠石玉器金銀首飾業商會 九龍珠石玉器金銀首飾業商會 所屬會員商號存金數量冊 一九四九年四月十五日》，收錄於香港特別行政區政府檔案處，檔案編號：HKRS41-1-4896-1。

業內擁有很高的代表性，港九各區大部分的商號皆是它們的
會員。另一原因，是政府當時仍然維持戰前對本地華人所
採取的非直接統治策略，希望通過商會或行業內的精英份
子向社群內的其他成員傳達政府的政策，並協助政府梳理
行業內的各種意見和聲音。因此，兩個商會扮演着香港政
府和金銀首飾珠寶業界之間的橋樑角色。根據香港政府於
1949 年頒布的黃金法案（The Possession of［Goldsmiths］）
Order 1949），任何店號如果要擁有成色達 95% 以上的黃
金作銷售用途，就必須先向香港財務署申請黃金執照（A
Certification for Possession of Gold）。香港政府發出執照與
否，視乎申請者能否提出有能力持續經營業務的證據。不
過，在一般情況下，如果經由兩個商會代為申請執照，則較
容易獲得政府財政部門批准。基於此原因，不少商號都會選
擇先加入商會，再通過商會代為向香港政府財務署申請黃金
執照。[13] 一般而言，任何商號如果試圖繞過兩個商會直接致
函向香港政府申請執照，會有相當大的機會被否決。[14] 香港
政府對申請黃金執照的處理方式直接鞏固了兩個商會在行業
內的領導地位。

除了申請黃金執照，香港政府也規定任何金舖一旦經
營狀況有改變都需要立即通過商會代為向政府呈請。商號不

13　在香港特別行政區政府檔案處，收藏了不少由九龍珠石玉器金銀首飾業商會和
　　香港珠石玉器金銀首飾業商會代表它們的會員商號向香港政府申請黃金執照的
　　信函，如果申請者是新加入的會員商號，兩個商會都會將它們的入會表格一併
　　隨公函向香港政府財政部門呈交，作為其會員身份之證明。詳見檔案編號：
　　HKRS41-1-4896-2。

14　參看〈Letter from Liu Kut to The Deputy Financial Secretary〉（24 May 1951）和
　　〈Letter from R. M. Hetherington to Liu Kut〉（26 May 1951），收錄香港特別行政
　　區政府檔案處，檔案編號：HKRS-41-1-6706。

論是因為任何原因而停業，即使只是進行內部裝修，也需要在官方的註冊表中除名，日後如果復業，也需經由兩個商會致函向香港政府財務部門重新作出申請。[15] 商號也會因自身的經營狀況改變而需要向香港政府財務部門申請改變黃金執照的等級，任何變動也需透過商會以書面方式向香港政府財務署提出。[16] 其他例如搬遷營業地點、[17] 司理（Manager）的變動等，[18] 商號都需要透過兩個商會以書面形式向香港政府財務部門報告。

　　直至二十世紀五十年代初，兩個商會分別向香港政府註冊成為有限公司，並同時撤銷它們作為社團組織的登記。九龍珠石玉器金銀首飾業商會於 1956 年正式成為有限公司，會址位於九龍彌敦道 504 號一樓，有 90 個會員商號，全部位於九龍半島。[19] 兩個商會最終分道揚鑣與當時香港島和九龍半島的交通不便有莫大關係，在海底隧道尚未建成啟用前，渡海只能乘坐「嘩啦嘩啦」（Walla-walla），但戰後百廢待興，涉及商會的事務愈來愈多，兩會會員遂決定分拆，港島方面的事務由香港珠石玉器金銀首飾業商會負責，

---

15 〈Letter from Hong Kong Jewellery, Gold and Silver Ornaments Merchants Association to Financial Secretary〉（15 December 1951），收錄於香港特別行政區政府檔案處，檔案編號：HKRS-41-1-6706。

16 〈Letter from Hong Kong Jewellery, Gold and Silver Ornaments Merchants Association to Financial Secretary〉（8 March 1951），收錄於香港特別行政區政府檔案處，檔案編號：HKRS-41-1-6706。

17 〈九龍珠石玉器金銀首飾業商會公函致香港財務署財政司函〉（1949 年 1 月 19 日），收錄於香港特別行政區政府檔案處，檔案編號：HKRS41-1-4896-2。

18 〈Letter from P. C. Woo & Co. to The Deputy Financial Secretary〉（13 February 1950），收錄於香港特別行政區政府檔案處，檔案編號：HKRS41-1-4896-2。

19 九龍珠石玉器金銀首飾業商會於 1956 年獲香港政府批准註冊成為有限公司。參檔案編號：HKRS41-1-4896-1，收錄於香港特別行政區政府檔案處。

而九龍珠石玉器金銀首飾業商會則負責九龍區。[20] 雖然各自
獨立運作，但兩大商會仍然不時聯合舉辦各種聯誼活動，讓
會員間從中建立關係，交換商業資訊，進而探索在商業上的
合作關係。[21] 兩大商會也有向會員提供會所設施、診療所及
應急貸款等福利事宜；[22] 如遇社會上發生重大災難事故，例
如 1953 年石峽尾大火，兩大商會響應募捐運動，發動會員
店舖捐款支援大火災的災民。[23]

　　兩大商會在團結同業，建設公平的營商環境上，目標
一致。秉承戰前香港唐裝首飾商業會的做法，兩會每天都會
由理事長因應行情定出該天的金價，再由商會職員以電話通
告各會員商號，所有商號必須遵照報價，以公價交易，不得
擅自打折。[24] 另外，兩會在章程中明確指定每年的休息日，
包括新曆元旦、舊曆元旦、孔聖誕、雙十日、商會成立紀念
日、農曆十二月初六日胡靖先師寶誕等，[25] 所有會員商號於
該天必須休業，如有任何商號違規開門營業，一經發現，會

20　甘穎軒：〈訪劉克斌先生，2020 年 11 月 26 日〉。根據香港政府檔案處所藏的
　　檔案，早在 1951 年初部分位於北角、灣仔和筲箕灣的商號已要求將香港島的
　　會務分割出來，所有關於標準金價和行業內從業員的事務，全歸香港珠石玉器
　　金銀首飾業商會獨自處理。參〈Extract from "Wah Kiu Yat Po"(25.1.51.)〉，收
　　錄於香港特別行政區政府檔案處，檔案編號：HKRS837-1-52。

21　甘穎軒：〈訪黃紹基先生，2021 年 3 月 30 日〉。

22　《華僑日報》，1962 年 4 月 22 日，8。

23　《華僑日報》，1954 年 1 月 29 日，7。

24　甘穎軒：〈訪吳振騰先生，2020 年 12 月 3 日〉。

25　胡靖（960 年-997 年），北宋人，自幼聰慧，好雕刻，故開設五金店，製造各
　　種器皿。他技藝超凡，造物玲瓏細緻，聲譽日隆。不久，他受到朝廷所召，入
　　宮賜製餐具。可惜，因不慎被捲入王位爭鬥而招致殺身之禍。宋真宗即位後，
　　其子胡敬文向出巡的八王爺申冤，胡靖獲得平反，被追封工部尚書。此後，他
　　被民間從事打金、打鐵和鑄造等業者奉為祖師。參袁星海：〈胡靖先師史略〉，
　　《港九金銀首飾器皿總工會革新紀念特刊》，第一期（1951 年）：1；周樹佳：《香
　　港諸神：起源、廟宇與崇拜》（香港：中華書局，2021），169。

被處以巨額罰款，多次重犯者甚至會被驅逐出會。這個做法一直維持至二十世紀七十年代，隨着社會經濟起飛，舖租上升導致經營成本增加，不少商號從生意的角度出發，希望自行決定休息的日子，兩大商會從善如流，此後不再作出任何限制。[26]

為了保障消費者的權益，避免同行之間因為競爭熾熱而降低了金飾質量，兩個商會在黃金成色上有嚴格的要求。自戰後初期，因應香港政府規管九五成色以上的黃金存藏和買賣，兩個商會遂議定以「九四五」作為所有會員商號在買賣金飾時的成色標準。後來，儘管有部分商號開始做「九八四」，甚至是「四條九」，但「九四五」這個指標維持了一段很長的時間。[27]1982 年，兩個商會與香港海關合作，共同草擬「黃金標註法令」，規定金飾商必需清楚標明金飾上的黃金成色及在其所有產品上註明其商號的標記；[28]1984年，兩個商會共同將黃金成色的標準提高至「九九零」。「九九零」在當時是足金的標準，同時也是香港金銀貿易場的黃金的交收標準。直至近十年，兩個商會一起主動將黃金成色的標準進一步提升至「四條九」，希望增強國內消費者對香港黃金市場的信心，吸引更多內地消費者來香港購買

---

26 甘穎軒：〈訪劉克斌先生，2020 年 11 月 26 日〉；及甘穎軒：〈訪張偉南先生、張汝榮先生，2021 年 3 月 20 日〉；甘穎軒：〈訪黃紹基先生，2021 年 3 月 30日〉；甘穎軒：〈訪吳振騰先生，2020 年 12 月 3 日〉。

27 甘穎軒：〈訪劉克斌先生，2020 年 11 月 26 日〉；同參 Catherine Schenk, "Hong Kong gold market and the Southeast Asian gold trade 1950s," in *Modern Asian Studies*, vol.29, no.2 (1995): 391.

28 《華僑日報》，1982 年 9 月 1 日，4。

金飾。[29]

　　正所謂「樹大有枯枝」，同行之間難免會有害群之馬，以各種欺詐的營商手段，損害消費者的利益。雖然這些「害群之馬」在行內屬極少數，但難免會損害消費者對整個金飾行業的信心。為了進一步保障市民購買的足金首飾能符合黃金標註法令的規定，提升同業在環球市場上的競爭力，兩個商會於 1989 年合作推出了「優質足金標誌」計劃，供會員商號申請，放於店舖的櫥窗或顯眼處，讓消費者容易辨識。若市民在掛有該標誌的金舖購買足金金飾時，懷疑其成色有問題，可向兩個商會索償。為了加強對會員商號的監察，兩個商會共同成立了一個十人的「成色審查小組」，成員包括兩個商會的理監事，定期到各會員店號抽查所出售金飾的成色，化驗工作交由香港政府化驗所處理，若不達標準，商會不會發出「優質足金標誌」，嚴重者甚至會開除商會的會籍。而「優質足金標誌」是有註明發出年份，且每年標誌的顏色皆不相同，確保會員商號必須每年向商會更新標誌。[30] 兩個商會也共同成立了「宣傳小組」，透過電視、電台、報章、雜誌等大眾傳播媒介，向公眾宣傳「優質足金標誌」計劃，加強市民對足金成色的認識。[31] 這個計劃相當成功，在短短的三年間，從最初只有 192 間店號參與計劃，至 1991 年大幅增加至 355 間，顯示商會在保障消費者的利益及經營者的可持續發展上所作出的努力，獲得同行的廣泛

29　甘穎軒：〈訪劉克斌先生，2020 年 11 月 26 日〉。

30　《華僑日報》，1989 年 2 月 22 日，10；《華僑日報》，1989 年 12 月 6 日，10。

31　《華僑日報》，1991 年 1 月 22 日，5。

認同。[32]「優質足金標誌」至今已經有超過三十年的歷史，成為本地金舖向消費者展示的一個質量認證，有助提高後者對該店號的信心。

踏入千禧年，兩大商會所推出的認證資格已不僅局限於黃金首飾，還涵蓋其他珠石玉器等貨品。兩大商會於2006年推出「天然翡翠標誌」計劃，讓經營玉器買賣的會員店舖申請，證明該店所出售的玉器是貨真價實。凡參與該計劃的商號，店內只可出售及陳列天然翡翠，並接受由商會指定鑑定所的認可寶石鑑證師每年抽驗店內的翡翠，鑑定結果如果全部符合標準，商會會向該商店頒發一個該年度的「天然翡翠標誌」，供其張貼於店內，讓消費者識別。[33]另外，兩大商會也推動會員店舖參與由香港鑽石總會（DFHK）舉辦的「鑽石誠信計劃」。該計劃於2015年首先推出，凡獲發有「天然鑽石品質保證」標誌（NDQA）的商戶必須承諾只出售天然鑽石，不會同時出售合成鑽石；並會正確表述及全面披露鑽石重量、色澤及淨度資料。[34]

兩個商會也會就着政府提出的政策，向香港政府反映業界的聲音。譬如於2016年頒布的競爭法，對行業內一些多年來習以為常的行事方式做成很大衝擊。從前，兩個商會每天會向會員店舖報飾金牌價，並要求業界跟從，這個做法已經歷數十載，是「行規」。然而，政府於2012年成立的競爭事務委員會卻不認同這個做法，認為由商會劃一釐定金

32　《大公報》，1991年1月22日，10。

33　消費者委員會：《選擇月刊》，369期（2007年7月）：45。

34　香港鑽石商會：〈認定NDQA標誌〉，網址：http://www.dfhk.org/tc/integrity.php；瀏覽日期：2021年8月5日。

價的做法有可能牴觸《競爭條例》中的合謀定價，抹殺市場競爭，令小商戶無法透過減價吸引顧客。[35] 不過，業界反駁這是多年傳承下來的「行規」，一旦被打破，市場會失去穩定性，零售金舖的金價會出現很大差異，大部分生意勢必被財雄勢大的大集團所壟斷。[36] 為此，兩個商會聯合成立競爭法關注小組，代表業界向當局爭取《競爭條例》的豁免事宜，並集資聘請法律顧問評估競爭法對業界的風險，並向競爭事務委員會提出抗辯。[37] 後來，由於集資費用昂貴，且未知官司何時能夠終結，大部分商號不希望繼續糾纏下去，最終決定放棄。雖然商會此後不再像從前般每天向會員店舖報價，但各店舖改為採取互相參考的方法去決定黃金價格，店舖之間的每兩飾金買入和買出價格相差不大，最初有業內人士擔心消費者會因此產生混亂，觸發很多投訴的情況未見出現。[38]

　　隨着《競爭條例》的出現，整個珠寶金飾零售業也需要與時並進，沿用多時之行規文件已未能配合現今營商環境的需要，並且有可能觸犯法例，兩大商會在帶領行業進行改革上，扮演着重要角色。早在 2015 年，兩大商會已邀請消費者委員會協助，為整個珠寶金飾零售業重新制訂一套營商守則，希望藉此提升行業形象及加強公眾對香港珠寶金飾零售業的信心。經過兩年的磋商，《珠寶零售業營商實務守則》

35　《東方日報》，2014 年 4 月 23 日，A01。

36　同上。

37　《大公報》，2014 年 7 月 2 日，B15。

38　甘穎軒：〈訪劉克斌先生，2020 年 11 月 26 日〉。

（下稱《守則》）終於面世，涵蓋珠寶零售業營運的六大範疇，包括品質認證、宣傳推廣、客戶服務、知識產權、市場競爭及網上銷售。《守則》提出多項較法例更嚴格的指引，包括要求業界提供清晰的售後保障服務予網上消費者、培訓前線員工，以確保員工具備足夠的專業知識向客戶銷售、制訂銷售合約條款的基本原則予業界參考等。《守則》亦訂明商戶需於單據上列明金價、手工費、佣金等資料，員工向消費者介紹產品時亦不能含糊其詞，如應說明「999 金」和「999.9 金」的分別。兩大商會轄下的 500 多個會員必須遵守《守則》，如發現有會員違反《守則》，商會會制止相關行為，並為其員工進行培訓；若行為未有改善，不排除會剔除其認證資格，或轉介至相關政府部門處理。[39]

為了配合《珠寶零售業營商實務守則》的推廣，兩大商會於 2019 年合作推出「珠寶信譽店」標籤計劃。參與該計劃的店舖必須是兩大商會的會員，[40] 並需擁有由兩大商會發出的「優質足金標誌」或「天然翡翠標誌」，或由香港鑽石總會發出的「天然鑽石品質保證標誌」。凡參與計劃的商號必須遵守《珠寶零售業營商實務守則》及「珠寶信譽店」標籤計劃條款及規則，標籤有效期限為一年，商會每年覆核，符合之商號方可續發標籤。如有違反標籤守則及相關規定而

---

39 《香港商報》，2017 年 8 月 1 日，A11。

40 九龍珠石玉器金銀首飾業商會一直要求任何申請入會的商號，必須獲得會員推薦。近年，該會曾就入會資格作出修訂，規定除了會員介紹或推薦外，商會在決定接納新會員時，還會審視申請者在作出入會申請前的經營狀況，例如該店在申請入會時是否已經開始營運了至少一年？消費者委員會有否收到關於該店的任何投訴？在旅遊發展局的優質旅遊服務計劃裏，該店有否曾被旅客投訴？如果過去一年未曾有任何違規的行為，商會才會接納它成為會員。甘穎軒：〈訪劉克斌先生，2020 年 11 月 26 日〉。

又不接受商會勸告者，商會有權收回標籤。商會設立「投訴
審查委員會」，可就店舖違反規定的行為展開調查，並就嚴
重性及店舖過往的紀錄擬定罰則，包括可將之剔除成為標籤
成員之一，屆時被投訴店舖須歸還商會所發出的標籤。直至
2021 年 2 月底，全港共有 201 間金舖獲兩大商會頒授「珠
寶信譽店」標籤。[41]

◉ 戰後初期的文員會組織

　　除了由商號組織的商會，行業內也有由從業員所組織
的文員會。文員會的性質是從業員聯誼的組織，會員大多是
在金舖內負責店面銷售的職工或擔任其他崗位的文職人員。
文員會的歷史可以追溯至二十世紀四十年代末至五十年代
初，當時香港的社會經濟環境欠佳，物質匱乏，市民普遍生
活艱苦，也沒有太多消遣娛樂，一些從業員於是成立了文員
會，舉辦各類文娛康樂活動，供會員在工餘時間參加。透過
這些聯誼活動，一方面讓會員在日常繁忙的工作中能夠得到
輕鬆的機會，另一方面也可增進會員之間的感情和交流。從
前資訊不如現代發達，尋找工作往往需要「熟人」介紹，會
員透過聯誼活動可以交流消息，獲取行業內不同公司及工場
職位空缺的最新資訊。[42]

　　最早的文員會組織是港九珠寶首飾業文員協進會（The

---

41 〈珠寶信譽店標籤計劃〉，網址：http://cpjr.hkjga.hk/；瀏覽日期：2021 年 8 月
　　5 日。截至 2021 年 2 月 25 日，港島區共有 56 間金舖成功申請「珠寶信譽店」
　　標籤，九龍區和新界區則分別有 77 間及 68 間金舖獲得此標籤。

42 甘穎軒：〈訪劉克斌先生，2020 年 11 月 26 日〉。

Hong Kong and Kowloon Jewellery, Jade-stone, Gold and Silver Oraments Employees Association），成立於 1946 年，發起人包括鄭樂之（吉祥金舖）、盧勉餘（大生金舖）、陳理卿（大華金舖）、陳啟秀（東成金舖）等人，目的是為了增進同業之利益，救濟失業會員，矯正工作弊害，研究技術進步，協助勞資發展工商業務及聯絡感情。[43] 該會的會址最初設於上環皇后大道中三八八號四樓首飾商會內。在二十世紀五十年代初，該會已有超過 600 名會員。[44] 該會初期的服務對象也包括九龍區金舖的從業員，設有九龍區和筲箕灣區的聯絡主任，負責兩區會員的聯絡工作。[45] 該會最初是按《職業社團及職業糾紛條例》向香港政府申請註冊，直至 1955 年則改為以有限公司的方式運作。[46]

　　戰後初期，百廢待興，商業經營困難，勞工權益鮮有受到法律保障，勞資出現糾紛時有發生，港九珠寶首飾業文員協進會曾在工潮中擔當調停人的角色。根據當時的行規，職工受僱皆以一年為期，每年農曆十二月十六日為去留日期，在此時期，金舖開除職工，不需要補償遣散費，倘

---

43 〈Petition of 7.8.46 from the Association〉，收錄於香港特別行政區政府檔案處，檔案編號：HKRS837-1-80。吉祥金舖、大生金舖、大華金舖和東成金舖全都是位於香港島皇后大道中一帶。

44 〈Floating Sheet〉，收錄於香港特別行政區政府檔案處，檔案編號：HKRS837-1-80。

45 〈港九珠寶金銀首飾業文員協進會職員名表〉（1946 年 10 月），收錄於香港特別行政區政府檔案處，檔案編號：HKRS837-1-80。

46 〈撤銷註冊通知書〉（1955 年 8 月 10 日），收錄於香港特別行政區政府檔案處，檔案編號：HKRS837-1-80。

在中途解僱職工，則需補給兩個月的工資遣散費。[47]1947年
8月，位於九龍區的永安金舖和寶恒金舖因經營原因將兩名
職工辭退，卻未有依照慣例向兩人補償兩個月的工資遣散
費，致使兩人既難以在香港生活，也缺乏盤川回鄉定居，去
留兩難，兩人曾懇求東主收回成命，或多賠遣散費，皆不得
要領。事件在行業內激起公憤，兩間金舖的職工不滿東主舉
措，憤而集體辭職。不久，事態擴大，有其他金舖的職工發
動抗議，加入聲援兩名被辭退的職工，一致表示不與該兩
金舖工作，結果釀成有十五間金舖共數十名職工被資方開
除。[48]港九珠寶首飾業文員協進會認為事態嚴重，於是召開
會員大會，決議擔當調停人的角色，草擬勞資協約，讓勞資
雙方簽署，並要求資方收回開除職工的決定。勞方本來立場
強硬，堅持資方需作出補償兩個月的工資，但在港九珠寶首
飾業文員協進會的斡旋下，願意接納文員會的建議，與資方
再次進行談判。資方也稍作讓步，願意補回一個月薪金，另
加發放津貼一個月以作補償，也同意在福利金、限制收學徒
及減輕火耗等問題上繼續與勞方商討，勞方則答允文員會的
要求立刻復工，最終避免行業內出現罷工的情況。[49]

---

47 〈港九金銀首飾器皿總工會報告〉（1947年10月18日），收錄於香港特別行政
　　區政府檔案處，檔案編號：HKRS837-1-28；王雁異：《香港勞工與社會保障》（北
　　京：中國經濟出版社，1995），29。

48 《華僑日報》，1947年10月14日，4。

49 同上。

表 8：港九珠寶金銀首飾業文員協進會章程 （1946 年）

第一章：總綱
1. 本會定名為港九珠寶金銀首飾業文員協進會
2. 本會以增進同業之利益，救濟失業會員，矯正工作弊害，研究技術進步，協助勞資發展工商業務，及聯絡感情為宗旨
3. 本會以港九行政區為區域
4. 本會會址設在本港適中地點

第二章：會務
5. 本會應辦事項包括：甲、關於同業之調查、研究、改良、建設事項；乙、關於會員與會員或會員與非會員之爭執，經會員請求之調解事項；丙、關於監督興辦同業公益事項；丁、關於舉辦公益及慈善事項
6. 辦理前條列舉事項，於必要時得聯合其他團體協助之

第三章：會員
7. 會員資格：甲、凡在香港及九龍行政區域內已加入首飾商會為會員之商店充任文員之職者，均得加入為本會會員；乙、前充本行文員職務現已失業而同意遵守本會章則一切決議者，亦得加入為會員
8. 具前條資格請求加入本會之同業，須得本會會員一人介紹，登記並填具志願書，經理事會審查通過後，得為本會會員，並由本會給予憑證
9. 會員應享受之利益：甲、有選舉權及被選舉權；乙、有提議及表決權；丙、有享受本會所興辦各種事務之利益
10. 會員應盡之義務：甲、遵守本會會章一切規則及決議案；乙、接受委辦事項；丙、繳納會費；丁、應本會諮詢及調查事項
11. 凡會員有不遵守本章程之規定者，輕則科以罰金或停止其應享受之利益，重則除名出會
12. 本會會員如欲退會者，需具備理由，經理事會之通過，方得退會
13. 有下列情事之一者，不得為本會之會員：甲、犯居留地政府法律，經法庭判決者；乙、違法侵蝕東主財物，經證明屬實致被解僱者

第四章：組織
14. 本會最高權力機關為會員大會
15. 會員大會選出十五人組成理事會，負責執行其決議案，再由同人複選理事兩人為正、副理事長

（續上表）

16.	理事會互選七人連同正、副理事長組成常務理事會，經常推動本會工作
17.	理事會正、副理事長為本會當然主席，對外代表本會，對內領導理事會執行工作
18.	會員大會選出監事五人組成監事會，以票數最多者任監事長
19.	監事會職權如下：甲、審查本會財政；乙、督促會務進行；丙：監察會員違背章則或決議案之行動
20.	本會除辦理一切正常會務外，並擬設立體育組以鍛鍊體格、教育組舉辦國語、英文、會計夜班，以備會員多得學術修養機會，並增進會員文化水準，凡本會同人均有享受及設立上項之義務
21.	本會得聘用適宜人員辦理會務，其薪津由會支給，其薪額由理事會核定之
22.	本會職員均名譽職，任期一年，期滿得連選連任
23.	理事有下列情形之一者，應即解任：甲、有不得已事故，請求辭職，經本會許可者；乙、曠廢職務遇事推諉者；丙、發生第十三條各款情形之一者

第五章：會議選舉

24.	本會會議分會員大會、理事會議、監事會議、緊急會議四種，除監事會議外，均由理事長負責召集之
25.	本會以會員大會為最高機關，定每年八月份期內召開大會一次，但理事會認為必要開會時，或經全數會員半數以上之請求時，得臨時召集之
26.	會員大會選舉時之投票單位，以每一個人為一單位
27.	會員大會決議須有出席會員之多數同意行之
28.	本會召集各種會議，如遇緊急事項亟待解決不宜延緩者，須出席會員不足法定人數時亦得依時開會，其表決辦法仍照前條之規定辦理
29.	各會員於通告集會後而缺席或遲到早退者，對於決議各案均需默認
30.	理事會會議定每月二日及十六日召開二次，由理事長召集之
31.	監事會須要開會時，由監事長負責召集之
32.	下列事項應由會員大會決定之：甲、變更會章；乙、職員之退職
33.	會員大會主席由理事長兼任為主席，缺席則由副理事長兼任，正、副理事長皆缺席時，得由理事會互推一人為臨時主席

（續上表）

| 34. | 如有特別事項，須組織特別委員會時，本會理事長應為該特別委員會之當然主席 |

第六章：經費

| 35. | 本會經費以下列各欵充之：甲、會員基金：凡在籌備期內加入本會之會員，於入會時一次過繳納基本金拾圓，在徵求會員結束後請求入會者，則每名收基本金壹佰元正；乙、會員月費：會員按月應繳納月費三元正；丙、臨時費：遇有舉辦重要事業或因經費不敷時，得征收之；丁、特別捐：遇有特別事故，須籌募欵項時，得向會員及外界請求特別捐助，或以其他方法籌募；戊、其他收入 |
| 36. | 前條之丙項，須經理事會之決議，監事會之審查；丁項，須經會員大會之決議，方得舉行 |

第七章：撫恤救濟

37.	如有會員不幸逝世，得由理事會先行調查其家屬經濟狀況而邀請全體同人捐欵撫卹之
38.	如有會員不幸失業而無旅費回鄉者，得由理事會針對實際情形予以解決之
39.	如有會員不幸失業者，可由理事會設法介紹職業與之
40.	如有會員在候職期內缺乏膳宿者，得由理事會予以貸金，並得在本會居佇
41.	凡屬本會會員，均得享受本章規定之撫卹與救濟，但要已清繳會費及不違反會章者為限
42.	本章之詳細辦法由理事會訂定之

第八章：附則

| 43. | 本章程由會員大會通過之日起施行，並呈請香港政府備案 |
| 44. | 本章程如有未盡事宜得提出，會員大會修改之 |

資料來源：港九珠寶首飾業文員協進會：《港九珠寶首飾業文員協進會章程》（1946年），收錄於香港特別行政區政府檔案處，檔案編號：HKRS837-1-80。

　　九龍首飾業文員會的成立則稍遲，於1951年始成立，由葉乃揚（永源金舖）、黎寶賢（寶恆金舖）、王文（長興金舖）、林贊銓（新新金舖）、馮炳燊（百福金舖）等人為首籌劃，取代原來港九珠寶金銀首飾業文員會九龍分會。是年10月，該會舉行第一次理監事選舉，由葉乃揚當選理事

長，馮炳燊任副理事長，周生生金行的周君令擔任監事長。
它的成立與當時港九兩地交通不便，地域隔閡不無關係，
當時九龍區已有金舖超過八十家，僱用文員數以百計，但
港九珠寶金銀首飾業文員會九龍分會的會務卻處於停頓狀
態，有需要成立新職工組織領導和團結他們。[50] 1951 年 9
月九龍首飾業文員會發動徵求會員活動，獲得超過 300 名
九龍區首飾商號文員申請加入，當中有大約 100 人原是港
九珠寶金銀首飾業文員會九龍分會的會員。由此可見，需求
懇切。[51]

表 9：九龍首飾業文員會章程（1958 年）

第一章：總綱
1.　本會定名為九龍首飾業文員會
2.　會以九龍行政區為區域
3.　本會會址、設在九龍彌敦道六百八十五號三樓
4.　本會的宗旨如下：甲、聯絡九龍區首飾業文員成立一個健全 　　組織機構，但不涉及任何政治；乙、增進同業福利、救濟會 　　員失業；丙、提高工作效能、研究技術進展；丁、聯絡會員 　　感情、促進勞資合作；戊、介紹會員職業、以求相助扶持
第二章：組織
5.　本會以會員大會為最高權力機關，其職權如下：甲、制定及 　　增刪本會章程；乙、決定本會會務進行方針及計劃；丙、選 　　舉及罷免本會理、監事職權；丁、檢舉本會會務、複決理事 　　會之決議案；戊、處決理事會所不能解決之重大事項
6.　會員大會閉會後，以理事會為最高行政機關

50　劉臣峰：〈九龍首飾業文員會歷史簡介資料小檔案〉，載九龍首飾業文員會編：
　　《九龍首飾業文員會成立六十六週年紀念特刊》（香港：九龍首飾業文員會，
　　2018），37。

51　《華僑日報》，1951 年 11 月 11 日，3。

（續上表）

7.	理事會的職權如下：甲、處理一切經常會務；乙、執行會員大會決議案；丙、辦理本會選舉事項；丁、建議本會興革事項；戊、制定本會預算、決算及其他會務進行方針及計劃；己、關於勞資糾紛之事件及對外交涉之處理；庚、檢舉各組、部之工作及職員之瀆職與違犯會章行為；辛、委任及罷免各種委員會委員及各部幹事
8.	本會理事，由會員大會選出十七人，組成理事會，再由理事互選二人為正、副理事長，負責執行決議案
9.	理事會正、副理事長為本會當然主席，對外代表本會，對內領導本會；甲、理事長之職權如下：一、執行理事會一切決議及綜理一切會務；二、報告會務及答覆質問；乙、副理事長之職權如下：一、副理事長之職權為勷助理事長之工作；二、理事長如告假時，可執行其職權。
10.	理事會下設總務、交際、調查、研究、福利、康樂六組，每組設正、副主任一人，另設財務主任、會計主任各一人。各組職權如下：一、總務組：掌理本會一切文件，收發統計，宣傳教育，綜理一切會務，督促及審查僱員工作；二、交際組：負責本會一切對外交際事宜與對內之聯繫；三、調查組：負責調查內外有關本會一切事宜；四、研究組：負責研究業務技術及關於本業各種繪圖款式事宜；五、福利組：負責計劃及發展本會一切有關會員及其家屬之福利事業，如辦理死亡喪事，慰問疾病與救濟會員失業等事項；六、康樂組：負責計劃與推動本會一切有關會員身心健康愉快之工作，如戲劇、音樂、體育、乒乓、象棋、旅行等事項；七、財務主任：掌理本會一切收支事項、及財政公佈；八、會計主任：辦理本會一切會計事項，並造具預算決算；九、各組之下按其工作需要得設立部，部幹事由各該組提名，呈理事會審核備案；十、部幹事之職權，為執行理事會及各該組之決議與該組主任之指示，進行各該組工作之實施
11.	本會監事，由會員大會選出監事五人，組成監事會，再由監事互選監事長一人
12.	監事之職權如下：甲、審查本會財政；乙、督促會務進行；丙、監督決議案之執行
13.	本會得聘用員役辦理會務，其薪津由會支給，其薪額由理事會核定之，至聘任期限，以本屆理監事職員任期交代之日，同時解聘，續聘與否，由下屆理事會決定之
14.	本會理、監事均屬義務任職，不另支薪，任期為一年，期滿連選得連任，各部幹事，其任期與理、監事同
15.	理、監事有下列情形之一者，應即解任：甲、經本會許可辭職者；乙、曠廢職務，經理事會勸告，仍不遵守者；丙、理、監事會議，連缺席三次者；丁、發生第廿二條情形之一者

（續上表）

第三章：會員	
16.	凡屬中國國民，不分性別，年齡在十六歲以上，而在九龍首飾業商會為會員之商號，充任文員之職者為合格
17.	凡擬加入本會，須具有第十六條之資格而得本會會員一人介紹，填具志願書，及繳納一切會費並經理事會審查合格，發給證書證章方得為正式會員
18.	本會會員，分普通會員、輔助會員、協助會員、贊助會員、永遠會員五種，普通會員，需繳納基金拾元；輔助會員，需繳納基金五十元；協助會員，需繳納基金壹百元；贊助會員，需繳納基金弍百元；永遠會員，需繳納基金伍百元
19.	普通會員，按月應繳納會費一元；輔助會員，得免繳會費兩年；協助會員，得免繳會費五年；贊助會員，得免繳會費十年；永遠會員，得永遠免繳會費；如舉辦特別事項，而經費不敷時，得由理事會議決徵收之普通會員，欠繳會費逾三個月，輔助會員、協助會員、贊助會員，各享受免繳會費期滿後逾三個月而不繼續繳納各該項基金，又不繳納會費者，不能享受第廿三條之權利，入會未滿三個月者也同會員失業，須來會報告並向福利部登記失業，在失業期間，准免繳納會費，但復業時應即到會註銷失業登記，並恢復繳納會費，倘失業不來會登記者，不能作失業論會員如失業而暫作自由業務或轉行別業者，應需繳納會費，否則不能享受第廿三條之權利及本會所辦之各項福利
20.	會員如有假借本會名義，在外招搖滋事及破壞本會名譽或違反會章者，理事會得將其除名，職員如有憑藉地位，侵蝕本會財產，經檢舉審查屬實者，分別予以罷免，及開除會籍
21.	會員如有自願退會，須用書面通知本會，經理事會許可，始得退會，但，退會被除名之會員，其所繳納本會會費及一切之費用與捐贈等項，概不發還
22.	有下列事情之一者，不得為本會會員：一、觸犯當地政府刑事法律，經理事會審查確實者；乙、應繳費用欠交達三個月以上者
第四章：權利義務	
23.	會員應享受之權利：（一）有選舉、罷免、創制、複決、及被選舉之權利；（二）得享受本會福利貸金之權利；（三）如有會員不幸逝世，得享受本會帛金之權利，帛金細則另定之；（四）如會員不幸失業，而無旅費回鄉者，得由理事會審查屬實，予以酌量援助之；（五）如有會員疾病、意外、殘廢、患難，設法救濟之；（六）如會員失業在候職期內，生活困難者，得申請理事會予以有限度之救濟金，俟候有職時，需按月歸還；（七）如有違反會章第十九、二十二、二十四條與福利委員會細則及帛金細則者，不能享受本條一切權利

（續上表）

24.	會員應盡之義務：（一）遵守本會一切之章則及決議案；（二）接受本會委辦事項；（三）繳納會費，及一切費用；（四）應本會諮詢，及調查事項
第五章：會議選舉	
25.	本會會議，分會員大會、理事會議、監事會議、理監事聯席會議、特別會議五種，除監事會議外，其餘均由理事長召集之
26.	會員大會，每年在十一月份內召開一次，必要時經全體會員半數以上之請求，或經理監事聯席會議通過，得臨時召集之
27.	會員大會選舉時之投票，以每個會員為單位
28.	會員大會之決議案，須由出席會員過半同意，方得執行之
29.	本會召集各種會議，如遇緊急事項，亟待解決，不宜延緩者，雖出席不足法定人數時，亦得依時開會，其表決辦法，仍照前條之規定執行之
30.	集會時如缺席、或遲到、早退，對於決議各案當為默認
31.	理事會，及監事會，每月常會次數，由各該會自定
32.	開會員大會時，該主席應由理事長或副理事長任之，必要時，或由會員中推選一人充任之
第六章：經費	
33.	本會經費，以下列各項充之：一、會員基金；二、會員每月繳納之月費；三、九龍珠石玉器金銀首飾業商會撥來之文員福利金；四、必要時，或臨時募捐，惟需經理事會之決議，監事之審查，方能執行之
34.	本會存款，如超過二千元以上者，應存放銀行，或舉辦會員福利貸金，其辦法另定之
35.	本會存放欵項，或提回欵項，均需由理事長及財務主任連署方生效力
36.	本會收支數目，每月需造結一次，每年需總結一次，經監事會審核後公佈之
第七章：附則	
37.	本章程由會員大會通過，並呈請主管機關備案，核准後施行
38.	本章程如有未盡事宜，得提交會員大會修改之

資料來源：九龍首飾業文員會：〈九龍首飾業文員會章程〉，載《九龍首飾業文員會七週年紀念特刊》（香港：該會，1958），66-68。

　　從當時文員會的財政收入狀況，可以反映文員會與商會之間的密切關係，兩者尤如「一家親」。[52] 文員會以舖面職工為主，儘管當時行業內職工的收入較其他行業高，但是單憑會費收入實不足以支持文員會舉辦多元化的服務和文娛康樂活動。以九龍首飾業文員會為例，該會的財政是非常依賴九龍珠石玉器金銀首飾業商會，後者每年會撥出大額福利金支持文員會的運作。以 1956 年 10 月至 1957 年 11 月為例，文員會的總收入是港幣 19,648.8 元，商會撥出的福利金總額是港幣 13,300 元，佔文員會全年總收入 66%；會員會費的收入只有港幣 2,532 元，僅佔該會全年總收入不足 13%。[53]

　　文員會的組織架構並不複雜，不論是港九珠寶金銀首飾業文員會或九龍首飾業文員會，皆設有理事會和監事會，各司其職。以港九珠寶金銀首飾業文員會為例，該會的理事會除了理事長和副理事長外，還有 19 名理事，分別負責財務、總務、交際、調查、研究、福利等工作；而監事會負責監察理事會的運作，除了監事長和副監事長，另有監事 5 人。[54] 九龍首飾業文員會的理事會同樣設有理事長和副理事長，理事的數目有 15 人，監事會除監事長外，也有 4 名監事，職掌上與港九珠寶金銀首飾業文員會相同。[55]

52　甘穎軒：〈訪吳振騰先生，2020 年 12 月 3 日〉。

53　〈九龍首飾業文員會第六屆損益計算表〉，載九龍首飾業文員會編：《九龍首飾業文員會六週年紀念特刊》（香港：九龍首飾業文員會，1957），51。

54　〈港九珠寶金銀首飾業文員協進會職員名表〉（1946 年 10 月），收錄於香港特別行政區政府檔案處，檔案編號：HKRS837-1-80。

55　〈九龍首飾業文員會第二屆理監事會職員名表〉，載九龍首飾業文員會編：《九龍首飾業文員會六週年紀念特刊》，45。

　　兩個文員會皆在理事會下，設有不同的部門，負責在
會內組織各式各樣的文娛康樂活動和興趣小組。以九龍首飾
業文員會為例，該會設有音樂部、話劇部、乒乓球部及攝影
部等四個部門。該會的乒乓球隊在當時香港職工界享負盛
名，不僅自設球室，可以隨時練習，還經常安排與其他工商
機構的乒乓球隊進行友誼比賽，也曾前往澳門與當地的乒乓
球員切磋球技。[56] 音樂部成員也曾在香港電台、麗的呼聲、
澳門綠村電台等公開節目上獻唱和表演；攝影部所舉辦的攝
影班由於切合日常工作需要，所以名額經常爆滿。該會也多
次舉辦簿記班、會計班、首飾繪圖班、英文班、國語班、太
極健身班等文化體育活動，以增進會員在智育和體育方面的
發展，提升工作效率。[57] 此外，該會在夏季多次舉辦旅行活
動，組織會員暢遊新界或離島地區，旅行期間更安排多姿多
彩的節目，除了有音樂部和話劇部演唱，也曾找來可口可樂
公司於沿途提供飲品消暑。還有，該會在節慶前後也經常舉
辦晚會，席間設有幸運抽獎、填字遊戲、燈謎、猜金銀重量
等節目，會員及其家屬也可參與。[58]

　　文員會也有向會員提供福利事宜。九龍首飾業文員會
設有醫事顧問，包括西醫、中醫、牙醫及跌打醫師等，為會
員提供免費診療。根據該會的保健委員會所訂立的簡章，會
員每人以診療一次為限，醫藥費用每次不能超過港幣五元為

56　林贊詮：〈回顧與展望〉，載九龍首飾業文員會編：《九龍首飾業文員會六週年紀
　　念特刊》，22。

57　同上。

58　〈會務概況 ── 一年來工作報告〉，載九龍首飾業文員會編：《九龍首飾業文員
　　會六週年紀念特刊》，28。

限，欠會費或入會未滿一個月者無法受惠；會員患病需就醫時，可先領取由保健委員會製作的診療證，持證到文員會保健委員會所指定的醫師診治，醫藥費用由文員會保健委員會承擔。由於財政緊絀，長期性疾病、性病或需施特種手術或注射特種針藥者，則不在承擔之列。[59] 另外，如會員不幸身故，該會會向其家屬發放帛金；會員如遇上失業，可向文員會尋找協助，後者會將之轉達予九龍首飾商會各商號會員優先錄用；九龍首飾業文員會也舉辦獎學金，鼓勵會員的子女求學上進。[60]

◎ 打金師傅的工會組織

　　戰後初期，在店舖進行生產的打金師傅及他們的學徒也有代表他們的行業公會組織。現時已更名為「香港金銀首飾工商總會」（Hong Kong Gold & Silver Ornament Workers & Merchants General Union），是早期打金師傅的專屬組織。它的歷史可以追溯至二十世紀初的「香港同益首飾研究社」，惟有關該社的文獻資料並不多，究竟它於何年成立也有不同的說法。根據當時香港政府的工商團體的註冊記錄，它的成立時間是 1910 年；[61] 然而，該社的中文文書則

---

59 〈九龍首飾業文員會保健委員會簡章〉，載九龍首飾業文員會編：《九龍首飾業文員會六週年紀念特刊》，27。

60 劉臣峰：〈九龍首飾業文員會歷史簡介資料小檔案〉，載九龍首飾業文員會編：《九龍首飾業文員會成立六十六週年紀念特刊》（香港：九龍首飾業文員會，2018），38。

61 〈Registration of Associations〉，收錄於香港特別行政區政府檔案處，檔案編號：HKRS837-1-28。

指「本會於民國三年成立至今已有三十四年歷史」，即成立
於 1914 年。[62] 不過，根據袁星海的記述，該社成立於 1912
年 ——「是年五月間先向本港華民政務司備案，六月間即蒙
批准成立」，[63] 由於袁氏是該研究社的首任司理，而且行文上
語氣肯定，故筆者相信他所說的年份應較為可信。該社成立
初期的會址設於香港島皇后大道中一九二號四樓。1941 年
12 月，日本佔領香港，會務被迫停頓。重光後，袁星海、
方遠明等人為了恢復會務，向當時的華民政務司申請請求復
辦該研究社，總會址設於香港皇后大道二四四號二樓，另設
九龍分會於長沙街六號三樓。1946 年 2 月，該會發起徵求
會員運動，無論是從事足金、西金、鑲嵌、鑲作、銀嵌等工
友皆可登記成為該社的會員。[64] 不久，該社以舊稱與現實不
符為理由，向華民政務司勞工司申請改名為「港九金銀首飾
器皿總工會」（H.K. & Kowloon Gold & Silver Ornaments &
Wares Workers General Union），並租用上環舊西街四十七
號三樓為該會的新會址。[65] 隨後，該會再租用九龍油麻地長
沙街六號三樓為分會。[66]

　　自更名後，港九金銀首飾器皿總工會以聯絡感情，精

---

62 〈港九金銀首飾器皿總工會報告〉（1947 年 10 月 18 日），收錄於香港特別行政
　　區政府檔案處，檔案編號：HKRS837-1-28。

63 袁星海：〈本會史畧〉，《港九金銀首飾器皿總工會革新紀念特刊》，第二期（1952
　　年）：3。

64 〈香港同益首飾工藝研究社致函香港華民政務司〉（1946 年 1 月 31 日），香港
　　特別行政區政府檔案處，檔案編號：HKRS837-1-28。

65 〈香港同益首飾工藝研究社致函香港華民政務司勞工司〉（1946 年 6 月 5 日），
　　收錄於香港歷史檔案館，檔案編號：HKRS837-1-28。

66 袁星海：〈本會史畧〉，《港九金銀首飾器皿總工會革新紀念特刊》，第二期（1952
　　年）：3。

誠團結，互相友助，共謀工友福利為宗旨。[67] 所有入會會員
必須遵守六大信條：一、擁護革新合法會章；二、奉行革新
紀念日（6 月 24 日）；三、誓以至誠團結互助；四、願盡會
員一切義務；五、隨時建議改進會務；六、如有違返信條，
甘受公處分。[68] 在上述 1947 年 8 月發生在九龍區金舖的勞
資糾紛事件中，港九金銀首飾器皿總工會代表勞方與資方談
判，曾草擬勞資協約共十六條（見表 10），交資方考慮，
惟資方認為工會所草擬的協約條款要求太高，未有答允。及
後，資方另行草擬協約，刪去工會的部分要求，再交工會考
慮（見表 11），工會未有就範，事態因而擴大。最終，在
勞工署介入及九龍首飾業文員會居中調停下，勞資雙方在被
辭退工友的補償安排上達成協議。

表 10：金銀首飾器皿總工會決議勞資協訂約章 （1947 年）

1.	本協議由勞資兩方謀業務上之進展，使工友之待遇及生活得以改善，特聯同協議，答訂約章，以資工商兩會會員，永遠共同遵守之
2.	規定每年農曆十二月十六日為工友去留日期，凡在非去留時期，開除工友者，該東主須補助兩月薪金與該被開除工友，以維生活，如工友自動告退者，預早一星期通知該東主
3.	長工在受僱期內，如東主着其造件或工友要求造件者，須徵求雙方同意方可，不得任意孤行
4.	凡商號及館主，僱用長工者，每月須補薪金三天，如工友告假，則扣回之，以示有補有扣，每月並支給理髮費兩次

---

67 港九金銀首飾器皿總工會：《港九金銀首飾器皿總工會章程》（1946 年），收錄
    於香港歷史檔案館，檔案編號：HKRS837-1-80。

68 〈會員信條〉，《港九金銀首飾器皿總工會革新紀念特刊》，第一期（1951 年）：
    封面頁。

（續上表）

5.	長工每日工作時間，由上午九時開工，至下午七時收工，午間一至二時休息及早晚膳休息半小時，每日工作八小時，如收工後仍須工作者，每小時一元計算，但不得超過晚上十二時，如遇工件須依時應客而需要開夜工趕造者，須由該發貨商號蓋章證明，到工會領取開工證，方得工作
6.	凡直接或間接工友不慎將顧客或商號附鑲之珠石玉器鑲爛，不負賠償責任，該物件交回，工值取銷
7.	凡商號及館主，無論在外埠或本埠僱用之工友，須辦妥工會一切手續，方得工作，如非工會會員不得僱用之
8.	凡商號未加入商會為會員而營業者，得由商會行文通知工會，工會當即着令該號內之長工、件工及外工，停止與其工作，惟該在停止工作之會友期內，須由商會負責其在該號之長工薪金件工月入工值及伙食之支付，或由商會屬內各商號，照該號工友之薪值僱用之，但外工不在此例
9.	如工友有將商號打造之金銀珠石玉器等逃走情事發生，工會於接得商會通知書時，當代印發通告，以後館主或會員如有僱用其工者，工會負責着令該工友辦妥其逃撻該商號之一切轇轕，方得工作
10.	凡商號打造首飾一律劃一撥給工友火耗，計足金每兩分半，K金每兩一錢，白金每兩二錢，銀器每兩五分
11.	凡商號每月支給各長工及外工之工值，每百元附加五元為工會之福利金，撥歸工會辦理福利事業，由工會按月派員到各號領收，並發回正式收據作實，該福利金概由各商號另外支付，不得向工友薪金內扣除
12.	凡商號授徒，須依照工會會章童工部細則教授，否則工會有權停止該藝徒工作及永遠不准其在本埠操作本業工作
13.	勞資兩方如發生其他關係時，得由工商兩會負責人盡力調處之，如仍無法調處時，再由雙方組織仲裁會解決之
14.	本協議約章，業經工商兩會全體會員同意遵守及雙方負責代表簽字，實施執行之
15.	本約章由簽字日起發生效力，嗣後如雙方對本約章有違背或破壞者，須由該方負擔一切責任
16.	本約章如有未盡善或需要修訂時，須得工商兩方同意，方得修改之

資料來源：〈金銀首飾器皿總工會決議勞資協訂約章〉，收錄於香港特別行政區政府檔案處，檔案編號：HKRS837-1-28。

表 11：珠石金銀首飾業聯會提出協訂條約（1947 年）

1.	茲為勞資兩方業務上之進展，改善工人生活起見，特聯同協議答訂本約，以資工商兩會會員共同遵守之
2.	規定每年農曆十二月十六日為工友去留日期，凡在非去留時期，開除工友者，該東主須補助兩月薪金與該被開除工友，以維生活，工友自動告退，預早一個月通知東主，倘因趕速離港，則預早一星期通知
3.	長工在受僱期內，如東主着其造件，或工友要求造件者，須得雙方同意方可，不得任意孤行
4.	凡商號及館主僱用長工者，每月須補薪金三天，如工友告假得扣薪金，以示有補有扣，每月並支給理髮費兩次
5.	長工每日工作時間，由上午九時開工（除早午晚休息時間）至下午八時收工，每日工作八小時為限，如收工後仍須工作者，每小時一元計算，但不得超過晚上十二時，如遇工件須依時應客而需要開夜工趕造者須由該發貨商號蓋章證明，到工會領取開工證，方得開工
6.	凡直接或間接工友不慎將顧客或商號，附鑲之珠石玉器鑲爛，不負賠償責任，該物件交回，工值取銷
7.	凡商號及館主，無論在外埠或本埠僱用之工友，須要辦妥工會一切手續方得工作，如非工會會員，不得僱用
8.	凡商號未加入商會為會員或被開除會籍者，得由商會去函工會，着令該號內之長工、件工及所有外工，停止與其工作，該因工撤退之長工、件工，由工商兩會負責，優先介紹職業，並着會員供給外工，以維生活
9.	如工友有將商號及館主交予打造之金銀珠石逃走情事發生，工會如接得通知書時，當即通告所屬會員，以後館主或會員如有僱用其工作者，工會負責着令該工友，辦妥其逃撻該商號之一切轇轕，方得工作
10.	打造首飾之火耗，由各該商號與受僱之工友，雙方滿意酌定共同遵守之
11.	勞資兩方發生其他關係時，得由工商兩會負責，盡力調處，如無法調處時，再組仲裁解決之
12.	本協約業經工商兩會全體會員同意遵守，並經工商兩會負責代表簽字蓋章，實施執行之
13.	本協約由簽字日起發生效力，嗣後某方對本約有違背或破壞行動者，須由該方負擔一切責任
14.	本協約如有未盡事宜，得由工商兩會協議共同修正之

資料來源：〈珠石金銀首飾業聯會提出協訂條約〉，收錄於香港特別行政區政府檔案處，檔案編號：HKRS837-1-28。

　　不過，工會和商會在勞資協約上的談判卻寸步難行，雙方在通知期、工時等問題上有明顯分歧。在職工告假的扣薪安排和火耗的計算方法上，工會希望在協約上可以有個具體而實在的安排，讓不同金舖的職工皆享有共同的保障，惟商會卻希望保留彈性，讓商號能夠按照自己的實際營業情況與勞方協商。勞資雙方在工會的角色和地位上也見相互角力，工會提出「凡商號未加入商會為會員而營業者，得由商會行文通知工會，工會當即着令該號內之長工、件工及所有外工，停止與其工作」；但商會的版本是「凡商號未加入商會為會員或被開除會籍者，得由商會去函工會，着令該號內之長工、件工及所有外工，停止與其工作」。工會的提案是試圖將商會和工會放在完全對等的位置上，行業內所有職工皆服膺於工會的領導，商會只能具函通知工會卻無法過問工會的行動；反觀商會的版本明顯是有意將工會置於商會的指導之下，商會有權命令工會對涉事職工採取行動。至於因此而失去職業的職工，工會的要價明顯過高，既然涉事商號並非商會會員，卻要求商會負責支付由涉事商號僱請的職工工資，商會拒絕接受此條款實屬意料之內。既然商會有意矮化工會，自然不會同意由工會提出「凡商號授徒，須依照工會會章童工部細則教授，否則工會有權停止該藝徒工作及永遠不准其在本埠操作本業工作」的條款，因為此安排明顯是干涉了商號的自主經營。而工會要求資方在支付職工薪金外，每百元再附加五元為工會的福利金，變相是要求資方資助工會的經費，此舉無疑增加商號的經營成本，商會自然難以答應。結果雙方的談判陷於膠着，最後更不了了之。

表 12：港九金銀首飾器皿總工會修訂組織章程草案（1951 年）

第一章：名稱及辦事處

1. 本章程依據香港政府一九四八年工團條例之工會章程示範及沿用之章則與本業原有行規訂定之

2. 本會定名為港九金銀首飾器皿總工會

3. 本會會址設在九龍長沙街六號三樓，並設長洲支會，其會址設在長洲大新街七八號二樓

第二章：宗旨及任務

4. 本會宗旨如下：（一）維持公平正當工金率；（二）求取八小時工作制度；（三）求取合理生活條件；（四）保障會員利益；（五）求謀會員福利

5. 本會調協會員與僱主間，會員與會員間或會員與其他工人間之關係，及盡量採取融洽辦法，調協各方面互生之糾紛

6. 本會得因應會員利益之需要，依法辦理左列事務：（一）生產消費信用等合作事業之組織；（二）會員職業之介紹；（三）職業教育，特種技術教育及工人子弟學校之舉辦；（四）書報社圖書館及工作試驗所之設置；（五）圖書雜誌報紙及其他刊物之刊行；（六）正當勞工運動、工團主義及有關工人利益之贊助；（七）德智體育劇藝娛樂等事業之舉辦；（八）在積存款項下投資其他穩健生產經營或購買政府公債券及公司股票等作福利事業之運用；（九）工友因服務關係所需要法律上之指導及幫助

第三章：入會退會及除名

7. 凡在香港九龍及新界從事金銀首飾器皿業之工友，年齡在十六歲以上，品行純正者，均應加入本會為會員，並定每年六月擴大徵求會員一次

8. 本業工友加入本會為會員，應由會員二人介紹，經理事會審查認可，並經照下列手續辦理者，方得為本會正式會員：（一）填繳入會志願書，附繳本人最近一寸半身照片三張；（二）遵章繳納入會費用；（三）領取會員証

9. 有下列情形之一者，不得為本會會員：（一）有違反香港政府或中國政府法律行為被告發有據者；（二）受法律處分尚未復權者；（三）侵吞公款或搾取財物及損害同人者；（四）招搖打鬥妨礙本會名譽者

（續上表）

10.	會員應享之權利如下：（一）有選舉、被選舉、提議及表決之權；（二）得享受失業、疾病、意外、殘廢、患難及工潮等之救濟；（三）享受規定喪費賻贈；（四）享受本會興辦各種事務之利益；（五）得請求調閱本會帳冊會務冊籍及會員名冊，但以無積欠常費者為限；（六）得教授習藝生，俾發揚本業技術，但其資格必須熟識本業鑲、雕、鋸、鑿、花線、鍊口等六項技術者方為合格，否則不得享受此項權利，以免貽誤後學。非本會會員，不得教授習藝生，否則其所習藝生資格不予承認
11.	會員應盡之義務如下：（一）遵守會章及決議案並通告等；（二）按月清繳本會常費或經會議通過增收之各費；（三）負責義務維持公益；（四）介紹會員職業或介紹同業工友入會；（五）辦理本會委事項
12.	會員如有另圖別業或往他處工作而自願退會者，必須於一個月前具備理由書連同証書褙章到會聲請，經本會核准，均得退會，但如有欠繳費用，仍應清繳，至前繳各費，則概不發還。如將來申請復入本會，仍予照准，並予優待，不作從新入會論，只酌收復會費
13.	會員應繳一切費用，均應依章清繳，如積欠月費三個月者，則停止享受本會一切權利，欠繳福利金者，則停止享受賻金等福利事業之權利，欠交事業費或科資特捐等，如超過限期，亦同樣停止享受本會一切權利，若再通知清繳仍不遵照者，則作喪失會員資格論，得提出會員大會予以除名之處分，但因失業或返鄉經報告來會，並經本會查實認可者，不在除名分之列
14.	會員有不遵守章程第九條第十一條及第十三條規定各項之一者，本會得按其情節輕重，予以下列之處分：（一）警告；（二）有限度停止享受本會權利或飭作有限度之捐助會費，以不超過三十元為度；（三）有期限開除會籍；（四）永遠開除會籍
15.	會員退會或被開除會籍，須繳回會員証件等物，所有已繳各費，概不發還，倘有積欠，仍須追繳
16.	會員年滿六十對會已連續履行應盡義務達五年以上者，免繳會費，如遇本會科資宴會，並予半費優待，所有本會規定得享之一切權利，仍得照常享受，但對於其他應繳費用則應照繳
17.	凡本業習藝生一律應來會申請登記，並應由會員二人介紹，經理事會認可，及填繳志願書，附繳本人最近一寸半身照片三張，領取証書，否則不承認其習藝生資格

（續上表）

18.	習藝生登記後，其權利義務如下：（一）毋須負擔會員所應繳納之一切費用；（二）習藝期滿加入本會為會員時，其入會費，五折優待；（三）習藝期間應享之權益，本會盡量設法予以保障；（四）失業時，本會盡量予以介紹職業；（五）須遵守本會會章、決議案及通告等；（六）須遵照本會合理之指導及委辦事項；（七）如有破壞本會情事，得視情節輕重，酌予懲戒或宣佈除名，永遠不准加入本會；（八）對於習藝生權益之保障，本會得根據本章程另訂細則施行
19.	本會對於特別有功本會之會員，得視其功績程度給予榮譽職銜。其權利特別規定之。

第四章：組織及職權

20.	本會設理事九人，候補理事五人，由會員大會或會員代表大會以單記名投票選舉之，各理事組織理事會，理事會設正副理事長各一人，下設會務、財務、組訓、核數等四部及福利、研究兩委員會，各部設主任一人，各委員會設主任委員一人委員六人，所有正副理事長各部主任及各委員會主任委員，由各理事互選充任之，委員則由會員中聘任之，另設秘書處，置主任秘書一人，及書記雜役若干人，由理事會決議僱用之，並得視事實需要，酌量聘請顧問
21.	本會以會員大會或會員代表大會為最高權力機關，閉會後，本會之管理及會務之處理，概由理事會執行
22.	理事會職權如下：（一）執行會員大會決議案及交辦事項；（二）對外代表本會；（三）處理會內一切事項，如有特別急要事故，並得作臨時處置，事後提請會員大會或代表大會追認；（四）推行章程內規定事項及制訂施行細則；（五）召集會員大會或會員代表大會
23.	理事會各部門職掌如下：（一）理事長：對內綜理日常會務，並指揮各組工作；（二）副理事長：勷助理事長辦理會務，倘理事長請假時，得代理其職務；（三）會務部：掌理文書印信卷宗庶務交際及其他不屬各部之一切事項；（四）財務部：掌理銀錢收支簿據會計及編造預算決算暨將帳目依期呈報註冊官及公佈會員週知等事宜；（五）組訓部：掌理會員會籍，製發証書，聯絡會員，維持風紀，調查統計，宣傳訓練，籌設義學，及提高會員智識水準等事宜；（六）核數部：掌理審核財政會計算決算是否合法等事宜，但對於會內財政無議決權；（七）福利委員會：掌理會員失業、罷工、意外、殘廢、疾病、患難等之救濟；會員衛生、儲蓄、保險、娛樂、體育、職業介紹之倡行暨有關會員福利事業之設計推行等事宜；（八）研究委員會：掌理本業工作技術研究事宜，並負責審核教習人員之資格，及擬訂研究計劃；（九）秘書處：綜理會內案牘承轉、會議紀錄，及文件之收發、分辦、撰擬、核稿、繕校，暨協助正副理事長擬批等事宜

（續上表）

24.	本會理事會及其兼職任期為一年，期滿改選，但連選得連任，如在任期內有中途離職或出缺時，由候補理事依次遞補之，其任期以補足原缺任期為限
25.	本會理事及委員、顧問、幹事等職均為義務職，但因辦理會務之需要，經理事會許可，得核實開支公費。至於秘書處人員，則支給薪金，其數額由理事會核定之
26.	理事及委員有下列各欵情事之一者，應即解職：（一）職務上違返法令，營私舞弊，或有其他重大不正當行為，經檢舉屬實者；（二）曠發職守，貽誤會務者；（三）經決議准其辭職者；（四）喪失會籍者

第五章：會議之規定

27.	會員大會或代表大會於每年六月廿四日舉行，由理事會負責召集，並於開會前二十日通知會員或會員代表遵照，同時將討論議程詳列通知書內。開會時須有合格會員或代表過半數之出席，方為合法，議案須經出席者過半數之同意，方得決議。代表之產生，應按每區或每工作部門滿三十人者得選派代表一人，滿五十五人者得選派代表二人，餘類推。如人數不足三十人者，得連同附近區域各工作部門合計推選之。會員大會如因人數過多，無由借用廣大會場，或因交通關係，不能召集會員大會時，得改用代表大會。理事之改選，應於每年五月舉行，並於舉行會員大會或代表大會時，宣誓就職。每年舉行會員大會或代表大會之六月廿四日，為本會革新紀念日，應在大會中同時舉行紀念儀式
28.	本會如有特別重要事件發生，或經三分一以上會員之請求，得召開臨時會員大會或代表大會
29.	下列事項須經會員大會或代表大會決議：（一）章程之創制及修改；（二）每年度經費收支預算之承認；（三）事業報告及收支決算之承認；（四）福利基金之設立管理及處分；（五）勞資協約之維持及變更；（六）會務進行方策之決定；（七）關於增進勞工運動之總工會或工團聯合總會之贊助與組織；（八）解散與清算人之選舉及清算事項之決議
30.	理事會每月開會一次，必要時得召開臨時會議。會議時須有理事過半數以上出席，方為合法，對於議案，贊成與反對者票數相同時，主席得加投一票決定之，候補理事並得列席會議，惟衹有發言權而無表決權，如遇理事缺席時，得依次遞補，有臨時表決權
31.	本會對於特別有功本會之會員，得視其功績程度給予名譽會長榮譽會長及榮譽會員等名譽職銜，其核授辦法及得享權利，由理事會議定之

（續上表）

第六章：會費之來源

32. 本會之經費以下列各欵充之：
（一）入會費：工友入會一次過繳納入會費二十元；習藝生登記一次過繳納登記費五元；會員復會一次過繳納復會費四元
（二）常費：每會員每月繳納常費二元
（三）福利金：每會員一次過繳納福利金二元
（四）慶祝費：每年六月廿四日本會革新紀念及十二月六日先師寶誕，全體會員應一律分別各繳慶祝費二元，儌充紀念慶典之用
（五）事業費：本會舉辦本章程第七條所定事項時，得在法許可範圍內募集事業費
（六）科欵：如遇特別事件經理事會認為需要科欵時，得向會員科欵

33. 凡會員賦閒，須向本會福利部報告，由福利部發給賦閒証。在賦閒期間，准免繳一切會費。但復業時，應即將賦閒證繳會註銷，並恢復繳納會費。倘賦閒而不來會報告者，作非賦閒論，仍須照常繳納會費

第七章：會費之動用

34. 本會欵項之動用，應根據會員大會或代表大會所決議之收支預算作下列合法之用途：（一）支給本會僱用人員之薪金暨在職人員之津貼及公費；（二）支給處理會務審核帳目及職員因公往返交通與過時膳食等之費用；（三）撥支救濟會員費用及促進本會各項宗旨與事業發展之費用；（四）撥支維護本會權利或因維護與僱主關係間之權利所需之訟費；（五）支給為處理本會或會員糾紛所需之費用；（六）補助會員因工潮糾紛所需之費用；（七）支給會員死亡年老疾病意外或失業之津貼；（八）支給所屬支會合法用途之費用；（九）支給本會週年紀念及先師寶誕誌慶等特別慶典等賀儀；（十）支給捐助港九社團慈善救濟等捐款；（十一）支給會員大會或代表大會議決應支之款

35. 本會採用會計制度，對收支數目實行日清月結，並應於月底造具結算書分別送核數部稽核及在會內公佈，每年並造具報告書呈報各主管官署監核。福利部費用收支，得另立專帳管理

36. 本會存款達五百元以上時，須存入殷實銀行保管，存款摺據由理事長核數主任財務主任共同保管，並應經理事會之決議及會同理事長核數主任財務主任等之簽名或蓋章方得提欵

第八章：停工及罷工

37. 會員與僱主開始有爭執情事，應即報知本會調處。又爭執勢態不論如何嚴重，非經主管官署調處及未經本會理事會認可，概不得停工或提出停工威脅或進行罷工

（續上表）

| 38. | 會員如欲要求加薪或改善待遇，應報知本會理事會裁定進行辦法 |

第九章：支會組織

| 39. | 本會所屬支會組織如下： |

（一）每一支會設一會務處理委員會主理支會會務。該委員會設委員五名、候補委員二名，由各該支會會員大會或代表大會直接投票選舉之，委員中並互選主席及會務主任各一人，其職責如下：主席：主持支會會議，並督促支會會務之進行及職員之工作；會務主任：掌理支會文書印信卷宗冊籍及收集支會會員應納各費彙繳本會

（二）支會得僱用書記及公役辦理會務

（三）支會委員為義務職，僱員則支給薪金，其薪額由本會理事會核定之

（四）支會委員任期為一年期滿改選，連選得連任，在任期內，如有中途離職或出缺時，由候補委員依次遞補之，以補足原缺任期為限

（五）支會會員大會或代表大會每年舉行一次，但有三分之一以上會員或代表之請求，得召開臨時會議

（六）支會會務處理委員會每月舉行會議一次，但有過半數以上委員之請求，召開臨時會議

（七）支會合法辦公費及職員薪金等開支，概由本會預算撥給

（八）支會如遇特別事件未能解決時，須立即報告本會核辦

（九）支會如有不遵本會會章暨議決案及通告等情事，本會理事會得將該支會改組或停辦

（十）支會傢具財物，均屬本會所有，如支會解散或脫離本會，則該支會職員須立即將該支會文卷冊籍印信及所有財物列冊彙繳本會點收，俟點收清楚後，所有委員及職員職務應即解除。如該支會會員仍欲隸屬本會者，得撥入本會或本會另一支會為會員

第十章：附則

| 40. | 本會如遇時勢演變，影響會務至不能維持時，得召開會員大會提請解散之，但須有會員總數六分之五之出席及出席者過半數之同意，方得通過解散，並應用投票方式表決，如決議解散時，應即席推定清算人，依法辦理清算事項 |

| 41. | 本章程如有未盡事宜，得由會員大會或代表大會修改之 |

| 42. | 本章程經會員大會或代表大會議決，呈報註冊官署核准後施行 |

資料來源：港九金銀首飾器皿總工會：〈港九金銀首飾器皿總工會修訂組織章程草案〉，《港九金銀首飾器皿總工會革新紀念特刊》，第一期（1951 年）：41-47。

戰後初期，百業蕭條，首飾業難免受到影響。儘管港九金銀首飾器皿總工會努力復員，銳意革新，團結工人，並設計會徽，[69] 但在推進會務上確實是遇上不少困難。會員人數欠穩定是一大原因，根據香港政府工會註冊資料顯示，該會在 1952 年有 422 名會員，但翌年卻急降至只有 224 人，隨後兩年再進一步下跌，分別只有 208 人及 148 人，直至 1956 年招募新會員具有成效才止跌回升，有 276 名會員，1957 年進一步增加至 579 人。[70] 其實，這個情況是可以理解的，畢竟當時工人階層的組織能力有限，加上「手停口停」，故大多專注賺錢謀生，對參與工會興趣淡薄，甚至有打金師傅在接受筆者訪問時表示，他們當時根本不知道行業內是有代表他們的工會組織。會員人數銳減直接影響工會的財政狀況。在二十世紀五十年代中期，該會的財政狀況令人憂慮，在 1958 年年中，更欠下債務達港幣 4,000 元，以當時的物價而言，這並非小數目；同時該會曾拖欠位於港島德輔道的總部及九龍辦事處的租金，分別是港幣 1,200 元及 80 元；也拖欠辦工室職工的薪金達兩個月之多，共港幣 260 元。[71] 該會在致香港政府勞工處長的信函中，承認它

69 港九金銀首飾器皿總工會的會徽由時任理事長蔡漢生先生親自設計，會徽中央以「金」字人成三角形，除了代表金銀首飾業外，還表示商店、文員、工友三方聯繫的意思；三角形外圍有三顆星，代表首飾業唐（中國首飾）、洋（西洋首飾）、貢（朝廷貢品）三科。儘管會名於 1998 年更易，但會徽的基本設計一直沿用至今。參〈香港金銀首飾工商總會六十年發展回顧〉，《香港金銀首飾工商總會第六十屆紀念特刊》（香港：香港金銀首飾工商總會，2009），46。

70 這些數據是來自筆者綜合在檔案內 1952 年至 1957 年的政府工會註冊資料，這些檔案收錄於香港特別行政區政府檔案處，檔案編號：HKRS837-1-28。

71 〈Copy of Interview Note from RTU〉，收錄於香港特別行政區政府檔案處，檔案編號：HKRS837-1-28。

們在財政上面臨困境，港島區的會址能否繼續運作屬未知之數。[72] 該會的理事會曾經提出關閉港島區的總部，並將總部遷往九龍辦事處，以節省租金支出，惟此建議遭到部分會員強烈反對，他們批評就職僅兩個月的理事會成員怠職，未有履行職責，結果觸發理事會成員全體總辭，雖然經會員大會重新選出五名會員，擔任臨時理事，但事件對會務發展不無影響。[73]

按照會章，港九金銀首飾器皿總工會設理事會，共有九名成員，另有後補理事五人，於每年 6 月 1 日至 15 日間召開會員大會，由出席會員投票選出。理事會設正、副理事長各一人，負責制定該會的發展路向、會規及宗旨，下設會務、財務、福利、組訓、交際等組，於每年 6 月 24 日展開會務。[74] 在二十世紀五十年代中，雖然工會有合資格投票的會員達數百人，但真正活躍的會員並不多，以 1958 年 6 月 24 日舉行的會員大會為例，只有 41 名會員出席，當中包括九名上屆（1957/58 年度）的理事會成員，可見大部分會員對工會的投入程度並不熾熱。由他們投票選出新一屆（1958/59 年度）的理事會，雖然符合會章規定，但代表性並不足夠，其所作出的決定或動議自然容易受到攻擊或非議。[75]

---

72 〈港九金銀首飾器皿總工會致函香港政府勞工處長〉（1958 年 8 月 4 日），收錄於香港特別行政區政府檔案處，檔案編號：HKRS837-1-28。

73 〈Interview Notes (6 September 1958)〉，收錄於香港特別行政區政府檔案處，檔案編號：HKRS837-1-28。

74 〈修正會章草案〉（1956 年 5 月 1 日），收錄於香港特別行政區政府檔案處，檔案編號：HKRS837-1-28。

75 〈Copy of Interview Note from RTU〉，收錄於香港特別行政區政府檔案處，檔案編號：HKRS837-1-28。

　　港九金銀首飾器皿總工會未有如前述兩個金銀首飾業文員會般獲得商會的財政支援，只能依靠會員的會費收入維持會務。[76] 根據會章規定，每名會員在入會時需一次過繳納福利金港幣二元，每月則需繳納常費港幣一元，每年繳納福利常費港幣五毫。在每年 6 月 24 日「本會革新紀念」及 12 月 6 日「先師寶誕」，全體會員一律分別繳納港幣二元，供慶典之用。1956 年曾經修改會章，將工會常費、福利金及慶祝費用合併，每名會員每月邀納港幣二元，再捐四分之一作為舉辦活動福利之用。[77] 根據規章，學徒也可登記加入工會，但在滿師前只會被視為「預備會員」，登記費最初為港幣兩元，滿師後入會成為正式會員時需繳納港幣兩元作基金。在二十世紀五十年代末六十年代初，工會曾多次修改會章，先後將學徒的登記費增加至港幣伍元、將學徒滿師後的入會基金提高至港幣十元，[78] 並進一步將會員資格擴充至判工。[79] 由此可見，會員人數的多寡直接影響工會的財政狀況。另外，打金師傅普遍是計件支薪，每月的收入本來就極不穩定，若然遇上經濟不景氣，訂單減少致入不敷支，難免會出現拖欠會費的情況。以 1962 年為例，當時工會有 800

76　〈一九六二年六月份本會收支報告〉，載《金銀首飾器皿總工會會訊》，25 期（1962 年 7 月），收錄於香港特別行政區政府檔案處，檔案編號：HKRS837-1-28。以 1962 年 6 月為例，該月的總收入為港幣 1,700 元，其中 900 元來自會員會費，佔超過五成；在支出方面，以僱員薪金（616 元）為最大宗，佔超過五成，其次是租項（250 元）。

77　〈修正會章草案〉（1956 年 5 月 1 日），收錄於香港特別行政區政府檔案處，檔案編號：HKRS837-1-28。

78　〈港九金銀首飾器皿總工會致函香港政府勞工處長〉（1958 年 7 月 6 日），收錄於香港特別行政區政府檔案處，檔案編號：HKRS837-1-28。

79　〈港九金銀首飾器皿總工會致香港政府勞工處長函〉（1961 年 5 月 19 日），收錄於香港特別行政區政府檔案處，檔案編號：HKRS837-1-28。

名會員，但僅 600 人能夠交足會費。[80] 在此種情況下，工會只能在艱苦的環境努力支撐，為會員辦理福利事業。

儘管港九金銀首飾器皿總工會早期的財政並不寬裕，但仍然努力為會員辦理各種文娛康樂和福利事工，例如舉辦首飾盃小型足球賽、中國武術班、乒乓球組、中西音樂組、戲劇組、繪圖班等，也曾安排旅行活動。[81] 每年農曆十二月初六為胡靖先師寶誕，工會均會在酒家安排會員聯歡聚餐活動，席間會播放歐西音樂，表演獨幕諧劇及禮物抽獎等活動。[82] 工會也有出版會訊，分主版和副版兩部分，前者的內容主要是關於會務報告、理事會會議記錄、關於會務的專題文章、勞工法例介紹等，後者多是輕鬆休閒的內容，例如介紹遊山玩水的勝地、會員投稿、輕鬆惹笑的散文、名人訪問側記、填字遊戲等。工會也與聖心診所（The Sacred Heart Clinic）合作，向會員及其家屬和跟隨他們的學徒提供廉價醫療福利。聖心診所由華人西醫主理，並僱用了兩名醫生。工會會員往診所求診每次僅需付診金港幣兩元（連醫藥針費在內），如欲照 X 光片，則減收手續費港幣八元。[83] 聖心診療所的應診時間是星期一至六上午九時至中午一時及下午六時至晚上九時，星期日上午照常，下午休息，公眾假期也照

---

80 〈List of Officials〉，收錄於香港特別行政區政府檔案處，檔案編號：HKRS837-1-28。

81 〈Union's Recreational Activities (1958)〉，收錄於香港特別行政區政府檔案處，檔案編號：HKRS837-1-28；〈六十周年回顧・大事年表〉，《香港金銀首飾工商總會第六十屆紀念特刊》，48。

82 〈港九金銀首飾器皿總工會致香港政府勞工處長函〉（1961 年 1 月 16 日），收錄於香港特別行政區政府檔案處，檔案編號：HKRS837-1-28。

83 〈List of Officials〉，收錄於香港特別行政區政府檔案處，檔案編號：HKRS837-1-28。

常。[84] 鑑於金飾製作屬體力勞動的藍領工作，執行生產工序時難免有不慎受傷的風險，有見及此，工會聘請跌打醫師為顧問，會員往診免收診金略收藥費。[85] 另外，工會設有帛金制度，如有會員不幸逝世，所有會員均需捐出港幣一元作為帛金，由工會將所得之款項贈予逝者家屬作慰問。[86]

　　踏入六十年代，港九金銀首飾器皿總工會進入了穩定發展期，會員人數大增至千餘人，財政狀況也較以往穩健得多，以 1963 年 11 及 12 月財政收支報告表為例，在未計算會員所繳付的福利金的情況下，11 月會員常費收入合共港幣 1,260 元，該月支出合共港幣 1,037 元，還有餘錢結存到下月；12 月會員常費收入回落至港幣 1,080 元，該月支出則輕微增加至港幣 1,114.1 元，基本上能夠收支平衡。[87] 由於財政狀況改善，理事們認為自置物業作為會址有助長遠減輕租金的負擔，於是在 1960 年成立了購買會所委員會，專責統籌購置會所的事宜。由於財政並不充裕，全靠當時七十名熱心會員每人負責一期共港幣 500 元的供款，最終於 1962 年購入了一個大約 880 呎位於中環結志街 39 號中環大廈三

---

84 〈敦聘聖心診療所為本會醫務顧問〉，載《金銀首飾器皿總工會會訊》，26 期（1962 年 8 月），收錄於香港特別行政區政府檔案處，檔案編號：HKRS837-1-28。

85 〈增聘莫子雲跌打醫師為本會跌打顧問〉，載《金銀首飾器皿總工會會訊》，26 期（1962 年 8 月），收錄於香港特別行政區政府檔案處，檔案編號：HKRS837-1-28。

86 〈List of Officials〉，收錄於香港特別行政區政府檔案處，檔案編號：HKRS837-1-28。

87 〈一九六三年十一月份及十二月份財政收支報表〉，《港九金銀首飾器皿總工會革新紀念特刊》，第十三期（1963 年）：18。

樓 E 室作為會址。[88]1971 年，增設會長一職，職責是根據理事會制定之會務發展路向、會規及宗旨，執行包括策劃、統籌、發展及批核商會一切事務。1973 年，該會派出一行十二人的代表團訪問日本，與日本寶石學協會作交流。及至八十年代，隨着香港經濟起飛，首飾業發展蓬勃，港九金銀首飾器皿總工會舉辦更多交流團、研討會、講座及培訓班等，藉以聯絡業界同仁。[89]1986 年，該會將結志街的會址出售，並將所得款項加上在會員間籌募所得的款項，買下了中環皇后大道中 222 號啟煌商業大廈四零一室作為新會址，1989 年再買下位於上環急庇利街 8 號金豐大廈二樓 D 室作為該會的另一辦事處。[90]

至 1998 年，港九金銀首飾器皿總工會向香港特別行政區政府職工登記局申請，將該會名稱改為「香港金銀首飾工商總會」，原因是考慮到工商之間的關係應該是合作而非對立，大家不分彼此，沒有主僕之分，凡事好商量，團結一致，共同為香港首飾業的發展努力；此外，易名也考慮到現實的需要，有不少原為工人的會員，在行內打滾多年後，從工轉商或兩者兼並，開設金舖或工場，轉型成為商人，所以易名有助反映這個事實，繼續維持會務發展，並踏上另一個

---

88 〈那些年人物專訪 —— 郭明義先生〉，《香港金銀首飾工商總會七十周年年刊》（香港：香港金銀首飾工商總會，2019），48。

89 〈香港金銀首飾工商總會六十年發展回顧〉，《香港金銀首飾工商總會第六十屆紀念特刊》，47。

90 〈那些年人物專訪 —— 郭明義先生〉，《香港金銀首飾工商總會七十周年年刊》，48。

新里程。[91]

● 小結

　　常言道：「團結就是力量。」從事金銀首飾業者早已深明此道理，在二十世紀初，社會經濟動盪，商業經營困難，部分商號帶頭發起，組織香港唐裝首飾商業會，發揮互助精神，共謀同業福祉。當時，商會的主要工作是訂立每天金價，並確保商會內各成員商號遵守報價，穩定黃金的市場價格，避免惡性競爭，同時組織會員商號聽從警方的安保要求，減少針對金舖的罪案。戰後，地域因素促使商會一分為二，但它們的職能較戰前擴充了不少，新增功能包括代表商號向政府申請黃金執照、訂立各項營商細則等，後期更主動在行業內設立各種認證制度，以確保商號質素，進而提高整個行業聲譽。第二次世界大戰後，隨着國內外的形勢發展，工人階級崛起，金銀首飾業內的從業員開始組織工會，計有代表舖面及各文職類員工的文員會及以打金師傅為主體的港九金銀首飾器皿總工會，它們不單為會員舉辦各種文娛康樂活動，也曾經介入工潮，代表勞方與資方進行談判，爭取改善勞工待遇和工作環境。

---

91 〈第四十八屆理事會〉，《香港金銀首飾工商總會第五十周年年刊》（香港：香港金銀首飾工商總會，1999），49。

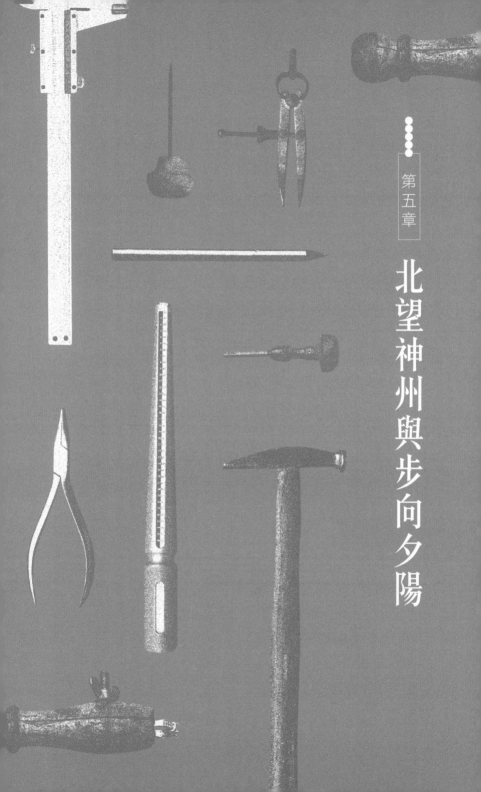

第五章

北望神州與步向夕陽

　　自二十世紀七十年代中後期，在鄧小平的領導下，中國走進改革開放的新時代。中央政府在位於南中國與香港、澳門、台灣相鄰的深圳、珠海、汕頭和廈門設立經濟特區，透過提供誘因和便利政策，吸引港、澳、台三地的資本家回國投資，發展工商業，振興國民經濟。香港的金銀首飾珠寶業界遂把握這個千載難遇的機會，自八十年代開始，大力發展內地市場，除了在珠江三角州地區設廠生產，還在不同省市建立銷售網絡。

　　時至今日，不少本港知名金飾珠寶企業在內地市場的收益，遠超它們在香港的生意。由於它們將大部分生產工序遷移往內地，只將產品設計、銷售、市場推廣和宣傳等部門保留在香港，加上實行機械化生產模式，導致整個行業對打金師傅的需求不斷減少，部分打金師傅隨企業北上，但也有為數不少師傅選擇留港，他們當中有的轉換職業，有的改往本地一些小型生產工場就業，在缺乏新人入行的情況下，本地打金行業逐漸步向夕陽。

◎　改革開放與香港工商業

　　自二十世紀七十年代開始，香港的製造業有自高峰滑

落的趨勢。1970 年，製造業佔本地生產總值 30.9%，但此後逐漸減少，在 1986 年只佔 22%，至 1996 年進一步下跌到只有 7%，及至 2006 年僅餘 3%。[1] 隨着香港經濟逐步向第三產業轉型，從事製造業的就業人口也呈下跌趨勢。1980 年共有 947,000 人從事製造業，佔總就業人口超過四成；[2] 及至 1988 年，香港製造業僱用工人的總數下跌至 844,575 人，佔總就業人口約三成；[3] 至 1997 年香港回歸時，從事製造業的人口佔全港就業人數急速下跌至只有一成，本港製造業萎縮的情況十分明顯；[4]2002 年，從事製造業人口僅佔全港就業人口 5.7%。[5] 造成這個情況，與大量本地工廠自八、九十年代北遷至珠江三角州一帶有着密切關係。

香港於第二次世界大戰後因應國際大環境轉變，自五十年代開始大力發展工業，取代轉口貿易成為經濟增長的火車頭。不過，由於香港本身欠缺土地和天然資源，難以發展重工業，只能依靠當時大量南遷的國內移民所帶來的金融資源、管理和工業技術，以及龐大的廉價勞動力，發展勞工密集型的輕工業。[6] 當時，「香港製造」以價廉物美蜚聲國際，究其原因，在於低廉的土地價格和勞動力成本。不過，自七十年代開始，隨着香港經濟起飛，百物騰

---

1 香港特別行政區政府：《香港 2007 年》（香港：香港政府印務局，2007），35。

2 香港政府：《香港一九八一年》（香港：政府印務局，1981），40。

3 香港政府：《香港一九八九年》（香港：政府印務局，1989），82。

4 香港特別行政區政府：《香港 —— 邁進新紀元》（香港：香港政府印務局，1997），93。

5 香港特別行政區政府：《香港 2002 年》（香港：香港政府印務局，2002），104。

6 Wong Siu Lun Hua, *Emigrant entrepreneurs: Shanghai Industrialists in Hong Kong*, chapter 3.

貴，在國際貿易中的比較優勢逐漸消減，以香港的土地價格為例，1976 年分層工廠大廈每平方呎只售大約港幣 100 元；[7]1987 年單單是土地開發的平均成本已達每平方米港幣 1,625 元，[8]1992 年更大幅飆升至港幣 3,950 元。[9] 香港製造業的工資水平在二十世紀最後的二三十年間也出現驚人增幅。早在 1971 年，製造業熟練工人的日薪最低僅每日港幣 10 元 8 角，即月薪大約 270 元左右；[10]1980 年工人的平均日薪已攀升至港幣 46 元 5 角，即月薪大約 1,176 元；[11] 至八十年代末，工人的日薪已大增至港幣 139 元，即月薪 3,517 元；[12]1997 年，製造業從業員的每日工資平均已達港幣 329 元，即月薪 8,325 元的水平，部分技術工人的平均工資甚至超過港幣一萬元。[13] 這個工資水平比較內地高出超過十倍。[14]

　　當時，國際形勢也不利香港輕工業的發展。自 1973 年中東石油危機爆發後，西方主要工業國家的經濟增長持續放緩，為保國內工業和勞工就業市場，紛紛採取貿易保護措施，美國和歐洲共同市場也曾對從香港入口的產品提出傾銷

7　〈一年來之香港工業〉，載華僑日報編：《香港年鑑 1979》（香港：華僑日報，1979），第二篇，50。

8　香港政府：《香港一九八八年》（香港：政府印務局，1988），40。

9　香港政府：《香港 1993 年》（香港：政府印務局，1993），36。

10　香港政府：《一九七一年香港年報（中譯本）》（香港：天天日報有限公司，1972），47。

11　香港政府：《香港一九八一年》，41。

12　香港政府：《香港一九八九年》，83。

13　香港特別行政區政府：《香港 ── 邁進新紀元》，94。

14　李羅力：〈論香港製造業北移〉，載李榮彬、馮蘇寶、姜衞平編：《香港與珠江三角洲工業發展 ── 機遇與策略》（香港：香港理工大學製造工程系、香港科技協進會和深圳綜合開發研究院，1997），13。

指控，甚至開展訴訟程序或徵收懲罰性的「反傾銷稅」，一定程度上影響香港產品在海外的銷售；部分香港廠家也相應改變經營策略，例如將工廠遷往其他地方，避免受到「反傾銷稅」波及。[15] 同時，亞洲四小龍其餘的國家或地區例如韓國、新加坡及台灣皆大力發展高端產品，東南亞國家也開始發展勞動密集型的輕工業，令香港輕工業的產品在國際貿易上面對強大競爭。[16]

此外，普及教育自七十年代開始推行，對整個香港的勞動市場產生深遠影響。1971 年，香港政府實施強迫小學義務教育，規定所有適齡入學的學童皆需入讀小學，並制定《入學令》，規定不送適齡子女入學的父母或監護人將會被檢控。1978 年，香港政府宣佈推行九年免費教育，讓每一個小學生皆有接受初中教育的機會。同時，香港政府在八十年代開始發展職業教育，將香港訓練局改組為職業訓練局，並在原有五所工業學校的基礎上再成立三所工業學院（沙田工業學院、屯門工業學院和柴灣工業學院），提供文憑和高級文憑課程，讓中三、中五或中七的離校生入讀，學習一技之長，為未來投身社會作準備。影響所及，青少年的教育水平普遍提高，對未來的工作和薪酬待遇的期望更大，適逢香港經歷另一波經濟轉型，方興未艾的服務性行業對初出茅廬的年青人有更大吸引力，不僅工資平均較高，而且工作環境較為舒適，製造業要招聘年輕人入行，惟有調高薪酬和福利，導致生產成本大增。

---

15 《華僑日報》，1989 年 1 月 19 日，28。

16 馮邦彥：《香港產業結構轉型》（香港：三聯書店，2014），86-87。

　　正當香港輕工業的發展出現瓶頸之際，中央政府實行的改革開放政策，為香港廠商和企業提供了新機遇。1978年12月，在北京召開的中共第十一屆三中全會確立了改革開放的道路。翌年，中共中央、國務院批准在深圳、珠海、汕頭和廈門四個城市各劃出土地設立經濟特區，希望藉着地理優勢，吸引華僑、港澳台商人及外國廠商直接在該地設廠投資。為了吸引海外資金，中央政府特別准許四個經濟特區在遵從中國法律和海關制度的前提下，採取有別於內地其他城市的體制和實施較為靈活的經濟政策，期望以此能夠加快特區以至廣東和福建兩個東南沿海省份的經濟發展。[17]

　　為了吸引外來投資，特別是來自香港的資金，深圳市政府成立對外經濟技術聯絡辦公室，除了負責接待來自香港及海外華僑企業家及其代表，向他們解釋國家改革開放的政策、帶領訪客參觀場地、談判條件和訂立合同，還會負責進行各項政策的可行性研究。[18]深圳市政府在推動各項基礎建設和地方開發上也相當積極，例如修建由深圳直通廣州的深南大道、開發靠近香港羅湖口岸的羅湖小區、擴建自來水廠和電信大樓等。[19]同時，國務院也接納香港招商局的建議，興建蛇口工業區，利用國內較廉價的土地和勞動力，引進國外資金和先進技術。蛇口工業區採取「特殊化」的管理方式，容許進出口自由，企業管理和工資發放方式按照香港模式辦理，電話和通訊系統由香港大東通訊系統有限公司負責

17　中共中央黨史研究室第三研究部：《中國改革開放史》（瀋陽：遼寧人民出版社，2002），94-96。

18　深圳博物館編：《深圳特區史》（北京：人民出版社，1999），32-33。

19　同上，35-39。

提供和安裝。[20]

　　此外，中央政府給予深圳較多的特殊政策和較大的自
主權，令後者可以制定一系列吸引外資的優惠政策，除了寬
減企業所得稅及進出口關稅，還在土地使用費、內銷配額、
貿易經營、項目審批等方面向外資提供優惠待遇。[21] 例如，
深圳市政府於 1979 年宣佈豁免徵收特區內的「三資」企業
首三年的企業所得稅，第四、五年則減半徵收，此後每年稅
率平均為 10% 至 15%，不過，對於有困難的企業會採取彈
性安排，例如適度延長減免期等。1982 年 10 月，深圳市政
府公佈對於技術比較先進、規模比較大的企業，在企業所得
稅率 15% 的基礎上，減徵 20% 至 50%，或免稅一至三年，
比當時香港的利得稅稅率 15% 還要低。[22]

　　凡此種種，對香港的工廠不論是大中小型，是有相當
大的吸引力。自二十世紀八十年代中開始，已有部分中小型
工廠將低技術的部分，轉移往珠江三角州一帶；也有大型的
華資或外資工廠選擇與內地企業合作，在深圳和東莞開設合
資工廠。[23] 雖然香港廠家在國內投資工廠初期會遇上很多困
難，例如電力不足、交通運輸未臻完善、不熟悉內地的法規
和行政手續、兩地的職場文化存在差異等，[24] 卻可以利用內
地的低工資和龐大的勞動力，降低生產成本。踏入九十年

20　同上，41-44。

21　同上，88。

22　同上，240。

23　薛鳳旋：《香港工業：政策、企業特點及前景》（香港：香港大學出版社，
　　1989），133-138。

24　同上，139-140。

代，北上設廠已成大勢所趨，眾多在內地設廠的港商都把主要的勞動密集型的生產工廠和生產線配置在內地，而將生產前期和後期的管理與服務，例如資金籌措、尋找訂單、原材料購買和管理、生產技術指導、市場策劃、營銷推廣、品質管理、財務管理及改良包裝等工作留在香港，形成香港與珠三角的地區性分工。[25]

　　如果有適當的政策扶持，讓企業繼續大力投放資源於產品研發、設計創新和功能改進等高增值部分上，香港工業未必會就此走向衰落。可惜，當時香港政府認定工業已經是明日黃花，選擇以金融和地產作為經濟轉型的新重心，未有像韓國、新加坡等國家即使大力發展服務業等第三產業，仍然積極扶持和保留高增值的第二產業於自己本土，藉以推動多元化的經濟發展。[26] 由於第三產業成為推動香港經濟發展的新火車頭，所以本地大專院校和職業訓練機構因應人力市場的需求，投放更多資源開辦與金融、地產、酒店等行業相關的課程；與工業相關的課程因收生減少而逐漸萎縮，工科畢業生難以在香港覓得工作機會而選擇北上到內地發展，造成人才外流，香港也因此失去了將製造業升級轉型的可能性。

　　1997 年年底，亞洲金融風暴爆發，香港的經濟受到很大衝擊，雖然香港政府以外匯儲備入市成功擊退國際金融炒家，穩住了聯繫匯率，但股市、樓市急挫，經濟收縮持續數

---

25 李羅力：〈論香港製造業北移〉，載李榮彬、馮蘇寶、姜衛平編：《香港與珠江三角洲工業發展 —— 機遇與策略》，13。

26 何耀生：《香港製造・製造香港：香港工業過去　現在　未來》（香港：明報出版社有限公司，2009），90-91。

載，不少企業被迫減薪，甚至裁員或結業，失業率大幅飆升，市民終日活於惶恐不安之中。為了走出經濟的困局，2001 年 11 月香港特別行政區首長董建華向中央政府提出香港與內地建立「自由貿易區」的構想，獲得中央政府的大力支持。經過長達一年半的商討，中間經歷了「沙士」疫情，最終於 2003 年 6 月 29 日正式簽署了《內地與香港關於建立更緊密經貿關係的安排》（以下簡稱 CEPA）的主體文件，並確定於 2004 年 1 月 1 日起正式實施。此後，直至 2013 年 10 月兩地政府合共簽訂了十份 CEPA 的補充協議，不僅為香港的經濟重新注入活力，還促進了內地與香港兩地之間在經貿上的緊密合作與融合。

　　對香港工商業而言，CEPA 的簽訂是機遇，有助它們開拓內地市場。CEPA 主要涵蓋四大範疇，一是貨物貿易全面開放，所有符合 CEPA 原產地規定的香港產品，均可享零關稅優惠進入內地；二是在香港從事服務業的企業和個人在大部分領域可以以優惠待遇到內地開拓業務；三是香港投資者可以在內地享有投資保護和便利；四是加強兩地在經濟技術方面的合作，配合和支持兩地業界發展。[27] 通過 CEPA，香港的工商企業可謂佔盡先機，比外國企業提早至少三年進入內地市場；而中央政府容許香港企業在內地的零售企業經營可擴大至地級市，在廣東省更可擴大至縣級市，相比僅開放省會城市予外資參股的合資企業而言，港資企業明顯受到

27　香港特別行政區政府工業貿易處：《內地與香港關於建立更緊密經貿關係的安排》，網址：https://www.tid.gov.hk/tc_chi/cepa/cepa_overview.html，瀏覽日期：2021 年 12 月 15 日。

優待。[28]

　　香港工商業另一項受惠於 CEPA 的是「個人遊」（或稱「自由行」）。根據 CEPA 第四章第十四條第（一）款明確提出：「為了進一步促進香港旅遊業的發展，內地允許廣東省境內居民個人赴港旅遊。此項措施首先在東莞、中山、江門、佛山四市試行，並不遲於 2004 年 7 月 1 日在廣東省全省範圍實施。」2003 年 7 月 28 日，中央政府宣佈廣東省的中山、東莞、江門和佛山四市居民可以不必參加旅行團，以個人身份到有關出入境管理部門辦理《往來港澳通行證》及簽注並自行往來港澳地區。同年 9 月，計劃擴大至北京、上海和廣東省的廣州、深圳、珠海市；翌年 1 月 1 日元旦日，「個人遊」的範圍再擴大至汕頭、潮州、梅州、肇慶、清遠和雲浮等六個廣東省城市；截至 2007 年元旦，全國共有 49 個城市的居民，可以以「個人遊」的方式來港旅遊。[29]

　　對於已經持續低迷多年的香港經濟而言，「個人遊」毫無疑問是及時雨。自計劃實施以後，內地訪港旅客大幅上升，2004 年全年訪港旅客達 2,180 萬人次，來自內地的旅客約有 1,250 萬人次，當中以「個人遊」方式來港的超過 420 萬人次，佔整體訪港內地旅客約三份之一。[30] 及至 2007 年，超過半數訪港的內地旅客中是以「個人遊」方式抵港，總數達 859 萬人次。[31]「個人遊」為香港旅遊業帶來大量經

28　郭國燦：《回歸十年的香港經濟》（香港：三聯書店，2007），296-300。

29　同上，312。

30　香港特別行政區政府：《香港 2004 年》（香港：香港政府印務局，2004），268。

31　香港特別行政區政府：《香港 2007 年》，244。

濟收益，以 2004 年為例，「個人遊」一年帶來的旅遊收益達 260 億港元；2005 年全港旅遊業的收益更高達 1,056.6 億港元，當中不少是以「個人遊」方式來港的內地旅客所貢獻的。「個人遊」除了為旅遊業帶來直接的收益外，還帶動了酒店、零售、飲食、客運等行業的復甦，成功扭轉當時香港經濟的頹勢。[32]

○ 拓展新市場

新中國成立後，各式金塊、金葉、金條、金砂、銀條、銀幣、金銀首飾等貴金屬產品的買賣皆被政府嚴格管控，各金銀商行的貴金屬存量需向人民銀行報告，未經批准，不得私自買賣或兌換，影響所及，國內的金銀行業被迫處於停業狀態。[33] 踏入二十世紀五六十年代，全國皆為社會主義建設而奮鬥，「艱苦節約、勤儉持家」成為當時社會的道德指標。金飾屬於奢侈品，買賣或佩戴金飾屬「耀富」的行為，不配合當時社會的大潮流，難以走進尋常百姓家。金飾的生產活動雖仍然維持，但僅供出口，是賺取外匯的手段。[34] 直至改革開放政策實施，情況才稍有改變，例如位於深圳和香港陸上邊界的中英街，有十多家金舖獲得深圳人民銀行批准開業，允許從香港直接進口各式各樣款式新穎、做

---

32 郭國燦：《回歸十年的香港經濟》，323。
33 《華僑日報》，1949 年 12 月 10 日，4。
34 錢華：《因時而變：戰後香港珠寶業之發展與轉型》，131。

工精巧的金飾,成為當時內地民眾購買金飾的熱點。[35]

在二十世紀八九十年代,香港的金飾珠寶行業進入空前繁榮的時期,隨着香港國際城市的地位不斷鞏固,逐步發展成為當時亞洲最大的首飾貿易中心,整個行業擁有過萬名從業員,除了家庭式經營的金舖,大型的連鎖金飾珠寶企業陸續出現,包括周生生、周大福、謝瑞麟、景福、六福等。[36] 這些集團式的商號,一方面在香港不斷開設分店,拓展商業版圖,另一方面開始注意發展潛力優厚、擁有超過十億人口的龐大內地市場。

周大福是本港金飾業中最早北上尋找商機的港資企業。1988 年,鄭裕彤與家鄉順德市倫教鎮鎮政府合作,獲得中國人民銀行特許的黃金首飾廠牌照,在當地設立金飾工廠,進行來料加工。[37] 所謂「來料加工」,就是由周大福提供黃金及其他生產首飾所需的原材料、資金和技術,由倫教鎮的金飾工廠按所需規格和標準進行加工生產,首飾成品則交回周大福作境外或海外銷售用途。周大福在進口黃金時不需要付匯,只需要繳付給當地工廠加工的費用。對周大福而言,在順德設廠的好處是減省了生產成本,大大增加了產品的毛利潤。[38]

踏入九十年代,周大福在內地的拓展步伐並未停止。1992 年,周大福進軍廣州,在當地著名的商業街北京中路

35　同上。

36　歐陽偉廉:《流金歲月:香港金業史》,42。

37　周大福企業文化編制委員會:《華・周大福八十年發展之旅》,28。

38　藍潮:《鄭裕彤傳》,317。

設立陳列室，展出多達三百多款首飾，由於金飾出口需要向
海關申報，所以款式的轉換並不頻繁，大約相隔半年才更換
一批款式。國內當時仍然實行黃金管制，加上周大福在內地
並未建立任何銷售點，故推出了一種特別的訂購服務，顧客
只要看中陳列室裏某一款式金飾，可以委託親友到港澳地區
任何一間周大福金行代購。[39]

　　周大福順利在順德和廣州拓展業務，與鄭裕彤的名望
與早已在內地建立的人脈網絡不無關係。在改革開放初期，
中央和地方政府的資源不足，難以全方位在財政上支持每一
個發展項目，於是鼓勵港澳同胞和海外華僑捐資協助家鄉的
建設。香港的華資企業家一向心繫祖國，紛紛親身前往內地
考察，除了尋找投資機會，還會捐鉅資協助各地發展基礎建
設和民生事業。當時已涉足地產的鄭裕彤自七十年代開始經
常往返內地，眼見家鄉順德的發展一直落後，人民生活艱
苦，先後捐資支持順德縣政府發展教育、醫療及各項民生
基礎設施，項目包括順德華僑中學、鄭裕彤中學、順德大
學、順德醫院、倫教醫院和順德德勝發電廠等。[40] 在九十年
代初，鄭裕彤與廣州市政府合作，捐資協助興建北環高速公
路、江灣大橋、解放大橋、鶴洞大橋和珠江電廠一、二期工
程等。[41] 這些巨額捐獻不僅解決地方政府資金不足的困難，
令工程能夠順利開展，還幫助鄭裕彤在內地建立良好的個人
聲望及政商界的人脈網絡，為日後周大福在這些地方的發展

39　同上，317-318。

40　陳雨：《黃金歲月 —— 鄭裕彤傳》，218。

41　同上，222-224。

奠下了穩固基礎。

　　不過，當時國內的零售市場尚未向境外開放，香港的金飾珠寶企業在內地發展仍然面對不少限制，例如不能以獨資的方式經營零售業務，必須尋找合作伙伴成立合資公司，而且港方股權不得超過 50%。即便如此，港資金飾珠寶企業從未放棄進軍廣闊的內地市場。周大福看準武漢乃九省通衢的地理優勢，南接湘粵，西通川蜀，東向蘇淮，北達京津，是京廣鐵路的重要中轉站，與全國各地的鐵路相連接，計劃以當地為軸心，繼而向華東和西北兩大市場發展。1993 年，周大福與武漢國貿服務有限公司合資成立武漢新福珠寶金行有限公司，業務包括金飾生產、批發和零售；其中，生產部分由新福順德分公司承擔。[42] 翌年，周大福與國有公司中僑外匯免稅商場合作，在廣東省內包括番禺、台山、揭陽、廣州等六個城市的中僑外匯免稅商場內開店，以港幣進行交易，直接面向國內的消費者。惟好景不常，中央政府於 1995 年取消免稅政策，周大福與中僑的合作也告一段落。[43] 直至 1998 年，周大福在北京開設在內地首個「周大福」品牌的零售點，引進港式管理，店員統一制服，貨品明碼實價，對當時內地的金飾珠寶業掀起了不少新衝擊。[44]

　　另一著名品牌周生生在內地也有着差不多的發展軌

42　同上，228。

43　中僑外匯免稅商場是國有公司，門店廣泛，實力雄厚，主要為海外華僑、歸僑或派外公幹回國的人員服務，不但經營黃金、珠寶，也經營家庭電器、電單車等，它不僅擁有經營黃金的審核證，還享受中央政府的免稅政策。參《華‧周大福八十年發展之旅》，29。

44　周大福珠寶集團有限公司編：《2012 年報》（香港：周大福珠寶集團有限公司，2012），15。

跡。相比周大福，周生生來得稍晚一點，於二十世紀九十年代初才踏足內地。它於 1991 年籌劃在順德市設立生產廠房，為降低生產成品及未來發展內地市場作準備。兩年後，該廠房動土興建，直到 1995 年九層高的綜合大樓才完成平頂工程。周生生當時未有如周大福般選擇在毗鄰香港的廣東省發展，反而進軍福建省，在福州市建立廠房和辦公大樓，成立周生生珠寶金行（福州）有限公司，負責在保稅區內銷售珠寶金飾，並開始在內地進行廣泛宣傳，加強民眾對周生生的金飾產品的認識。與周大福一樣，周生生最初也不能獨自在內地開展零售業務，必須透過內地的合作伙伴進行。1994 年，周生生在內地增設五個代銷點；並通過投資從事鑽石加工的青島康華鑽石有限公司，獲得後者 22% 股權，雖然這項投資在短期內的經濟效益有限，但周生生所着眼的是未來在內地的長遠發展。[45]

中國的珠寶市場正式對外開放始於 2000 年，外資被允許可以在內地成立獨資公司經營零售業務。周生生也順應潮流增加了它們在內地的投資，特別是在山東和順德兩個主要據點，它沿用與國內公司合資成立新公司經營的方式，但由於在新制度下港方可以擁有超過半數的股權，所以周生生透過增加投資擴大股權的佔比來取得合營公司的控制權，並將之納入成為它在內地的附屬公司。這個做法的好處是能夠降低投資風險，一方面充份利用內地投資伙伴的地方知識及商業網絡，另一方面利用可管控的附屬公司經營業務，取得物

45　綜合自 1991 至 1995 年由周生生集團國際有限公司所編輯的年報資料。

流和生產的管理權，協助周生生拓展其在內地的業務。當
然，周生生也有以獨資的形式成立子公司，例如周生生國際
（順德）有限公司、周生生珠寶金行（陝西）有限公司等。[46]
周大福也採取這種混合的發展模式，除了以獨資方式在深圳
成立了周大福珠寶金行（深圳）有限公司和伯爵行珠寶首飾
（深圳）有限公司外，還以合資方式在肇慶、昆明和武漢成
立子公司，發展當地業務。[47]

　　策略上，周生生主要採取以「周生生」的名義在內地經
營分店，以提升自身品牌在內地零售市場上的知名度。千禧
年後，周生生在內地的發展穩步向上，2003 年只有 26 間分
店；[48] 但在短短四年間卻急增至 109 間，其中一間分店更開
設於上海的高檔商場裏。[49] 為了迎接 2008 年北京奧運，周
生生與太古集團簽訂租約，在後者位於北京三里屯一個大型
商場裏開設周生生在內地首家旗艦店，建立這種地標式店舖
有利周生生提升自家品牌的形象，令內地民眾對周生生品牌
留下深刻印象。[50] 2008 年環球金融危機爆發，促使周生生
改變在內地的發展策略，由快速增長轉變為明智擴張。[51] 自
此以後，周生生每年都會在內地開設新的分行，但也會果斷

46　詳參周生生集團國際有限公司 1999 至 2002 年報的資料。

47　周大福珠寶集團有限公司編：《2012 年報》（香港：周大福珠寶集團有限公司，
　　2012），138-141。

48　周生生集團國際有限公司編：《2003 年報》（香港：周生生集團國際有限公司，
　　2003），14。

49　周生生集團國際有限公司編：《2007 年報》（香港：周生生集團國際有限公司，
　　2007），12。

50　周生生集團國際有限公司編：《2008 年報》（香港：周生生集團國際有限公司，
　　2008），10。

51　同上，3。

表 13：周生生和周大福於 2000 年前後在內地成立的子公司

周生生

年份	子公司	股權
1999	周生生珠寶（上海）有限公司	51% （2000 年增至 61%）
	周生生國際（順德）有限公司	100%
2000	山東京華首飾廠有限公司	50% （2001 年增至 51%）
2001	周生生珠寶（山東）有限公司	51% （2003 年增至 70%）
2002	周生生珠寶金行（陝西）有限公司	100%
	周生生珠寶（順德）有限公司（後更名為周生生珠寶［佛山］有限公司）	90% （2003 年增至 95.1%）

周大福

年份	子公司	股權
2002	周大福珠寶金行（深圳）有限公司	100%
2003	伯爵行珠寶首飾（深圳）有限公司	100%
	廣東肇福珠寶金行有限公司	50%
	昆明銀福珠寶首飾有限公司	70%
	武漢漢福珠寶金行有限公司	70%

資料來源：周生生集團國際有限公司 1999 至 2002 年報及周大福珠寶集團有限公司 2012 年報。

關閉經營不佳的分店，務求更有效地運用資源，節省不必要的成本開支，提升集團的整體收入。直至 2019 年，周生生在內地共有 606 家分店，遍佈 135 個城市。[52]

52　周生生集團國際有限公司編：《2019 年報》（香港：周生生集團國際有限公司，2019），13。

　　周大福在內地零售市場所採取的策略與周生生略有不同。當然，周大福也很注重提升自家品牌在內地的知名度，所以也會以「周大福」的名義在內地經營直營店，但同時也會邀請在內地志同道合且信譽昭著的同業加入成為加盟店。周大福與加盟店的合作模式大致有兩種，視乎加盟店所在地域而定。對部分位於縣級城鎮裏的加盟店，周大福考慮到交通運輸的因素，大多採取批發賣斷的形式，將產品直接交付加盟店作銷售；至於大部分在內地的加盟店，周大福較常採取寄售的方式，在加盟店與消費者完成交易前，周大福仍然保有貨品的擁有權。[53] 招募加盟店的好處是可以利用後者在國內的信息、物業及地方知識打進次級城市，迅速擴大周大福的地區覆蓋面。[54] 周大福於 2009 年在內地的零售點總數有 895 個，但在往後短短三年間已大幅增長超過六成，總數達 1,448 個。[55] 不過，周大福在利用加盟店開拓內地業務上，還是小心謹慎的，一直努力保持直營店與加盟店的比例為七比三，此舉目的一方面是保證貨源的充足供應，另一方面是為了確保加盟店的質素及其銷售手法完全合乎周大福的要求和標準，保障內地消費者的權益。[56]

　　六福珠寶是香港金飾業的後起之秀，開業於 1991 年，

53　周大福珠寶集團有限公司編：《2020 年報》（香港：周大福珠寶集團有限公司，2020），50。

54　周大福珠寶集團有限公司編：《2015 年報》（香港：周大福珠寶集團有限公司，2015），61。

55　周大福珠寶集團有限公司編：《2012 年報》（香港：周大福珠寶集團有限公司，2012），3。

56　周大福珠寶集團有限公司編：《2012 年報》（香港：周大福珠寶集團有限公司，2012），15。

在北角開設第一間店舖。根據六福集團現任副行政總裁黃詩蘭在接受雜誌訪問時所述，在二十世紀九十年代有不少內地遊客手持代購單到店內購買珠寶金飾，因此六福珠寶很早就認定內地的珠寶首飾市場潛力巨大。由於當時內地是不容許境外資本以獨資方式經營零售業務，所以六福於 1994 年與國內合作伙伴在廣東省開設品牌店。[57]1997 年 5 月，六福珠寶在香港交易所主版上市。翌年，在內地註冊「六福」商標，為期二十年，為未來大舉進軍內地市場鋪路。[58] 相比周生生和周大福，六福在內地採取更加進取的擴張策略，大量採用品牌店的方式經營，根據集團年報的資料，六福於 2001 年只有約 50 間品牌店，四年後品牌店的數目增至 145 間，至 2009 年更大幅增加至 400 間。[59] 六福集團主席黃偉常在接受電視台節目訪問時曾經指出，利用品牌店進行擴張的優點是成本低，因為不需要動用自己集團的資金，只需要向加盟商提供服務，就可以借助加盟商對當地市場的知識及其所提供的意見，提升集團知名度，並迅速地搶佔市場。[60] 當然，六福在內地也有開設自營店，但步伐明顯比較緩慢，於 2003 年 7 月才取得在內地獨資零售及分銷珠寶金飾的牌照，翌年在深圳開設集團在內地的首家自營店。[61] 直至 2008 年，六福在內地的自營店數目只有 11 間，分佈在深圳、北

57　秦偉：〈富二代黃蘭詩更是工作狂〉，載《中國市場》，2012 年 38 期，52。

58　六福集團（國際）有限公司編：《1998 年報》（香港：六福集團（國際）有限公司，1998），5。

59　詳參六福集團（國際）有限公司 2001 至 2009 年報的資料。

60　亞洲電視製作：「慧眼商機」，2007 年 4 月 29 日。

61　六福集團（國際）有限公司編：《2004 年報》（香港：六福集團（國際）有限公司，2004），5-6。

京、上海、杭州、寧波、蘭州和濟南等一線大城市。[62]

六福珠寶最令人稱道的是其宣傳策略，早年成功邀請
1987 年香港小姐冠軍楊寶玲作為品牌代言人，並邀請她加
入成為集團的非執行董事。此外，六福也獨家贊助多屆香港
小姐、亞洲小姐、華裔小姐等選美活動的珠寶金飾，大大提
升了「六福」這個年青品牌在全球華人社會的知名度。當六
福進軍內地市場時，重施故技，先後邀請在香港和內地皆有
很高知名度的影視紅星林峯及 2011 年環球小姐中國區冠軍
羅紫琳出席宣傳和剪綵活動，近年則成功邀請內地人氣男演
員，有「國民校草」之稱的李易峰擔任六福珠寶全球代言
人。[63] 此外，六福先後贊助多屆廣州「美在花城」、「環球小
姐華彬大賽」、「南方新絲路模特大賽」等選美活動，並與
電視台合作舉辦大型電視節目或成為節目贊助商，大大增加
六福在內地媒體的曝光率，迅速提升品牌的知名度。[64] 六福
於 2005 年首度獲得內地媒體評選為「香港優質誠信商號」
及「我至喜愛香港十大品牌」的榮銜，可見一斑。[65]

踏入千禧年後，本港金飾珠寶商也注意利用內地優
勢，從生產、供貨到銷售進行垂直整合。「垂直整合」又稱
「縱向整合」，指企業在同一產業鏈兼營上游和下游業務，
除了自行開設生產基地，最普遍是通過收購合併，將其上游

62 六福集團（國際）有限公司編：《2008 年報》（香港：六福集團（國際）有限公司，2004），10。

63 詳參六福集團（國際）有限公司 2009、2011 及 2020 年報。

64 詳參六福集團（國際）有限公司 2000-2012 年報。

65 六福集團（國際）有限公司編：《2005 年報》（香港：六福集團（國際）有限公司，2005），8。

的供應商或下游的銷售商收歸旗下，達到增加經營效率和節
省成本的目標，最大化地提升集團整體的盈利表現。以周大
福為例，現時在順德、深圳和武漢設廠生產，彼此分工明
確。順德主力製造高品質、高附加值的產品；於 2003 年成
立的中國營運管理中心（前稱深周營運管理中心）主力研發
的工作；而在 2012 年於武漢開始興建的周大福珠寶文化產
業圈，其定位是大規模的綜合性的珠寶生態產業園。周大福
珠寶文化產業圈佔地 600 畝，設施包括生產基地、全國配
貨中心、展銷中心、工藝培訓中心，以及其他配套業務，統
一處理從落單、訂貨到成品配送全國零售點的工作，以提升
產能和生產效率，並進一步加大自產金飾珠寶的比例和為技
術人員提供在職培訓。長遠而言，它配合周大福未來的業務
增長及內地持續上升的市場需求。[66] 近年，周大福在內地頻
頻收購不少金飾珠寶公司，在取得控制權後，將之變成集團
的附屬公司，有利周大福在內地發展其銷售業務。

　　周生生和六福也有類似舉措。周生生早年已在順德建
立了在內地的生產基地，2010 年再在順德透過拍賣購入一
塊面積約 2.8 公頃的土地，興建一座全新的生產廠房，[67] 整
個建築工程耗資接近兩億港元，最終於 2013 年 7 月正式投
產，大大提升了產能。[68] 自此之後，雖然周生生在內地和香
港兩地皆設有工場，但彼此分工清晰，內地工場主要負責國

66　周大福珠寶集團有限公司編：《2013 年報》（香港：周大福珠寶集團有限公司，
　　2013），22。

67　周生生集團國際有限公司編：《2010 年報》（香港：周生生集團國際有限公司，
　　2010），9。

68　周生生集團國際有限公司編：《2013 年報》（香港：周生生集團國際有限公司，
　　2013），10。

內訂單，香港的工場則主力應付香港、澳門、台灣和外國訂
單。論規模，周生生在內地的廠房較香港大，工人數量也
較多，因此，如果訂單價錢相當便宜，數量大但利潤少，
大多會安排由內地工場進行生產。然而，內地工場正因為
訂單數量很龐大，工人眾多，往往需要「排單」，缺乏靈活
性，遇上被要求快速完成生產的訂單，則多交由香港工場負
責。[69] 近年，周生生先後在順德收購從事珠寶製造及銷售的
金鵬珠寶首飾有限責任公司、[70] 興建自動化倉庫、[71] 智能配
送中心等，[72] 對提升集團在內地的生產能力大有裨益。六福
集團則早於 2004 年已投資了六千萬港元，在番禺設立佔地
350,000 平方呎的大型珠寶首飾加工廠，一方面減省成本，
增加毛利率，另一方面加大產能，為日後在內地發展批發市
場的業務作準備；[73] 同時，六福也透過收購或以合資方式在
內地開設珠寶首飾公司，配合其在內地的銷售工作。

　　近年，互聯網在內地的發展一日千里，應用於商貿活
動愈趨普遍，年青一代已習慣使用網上購物。有鑑於此，香
港各大金飾珠寶商皆努力發展其電子商貿業務，及在制定
宣傳策略上更多地利用互聯網，以擴闊客源。2010 年，周
大福與天貓——內地其中一間最大的企業對消費者（B2C）

69　甘穎軒：〈訪顏卓偉先生，2020 年 12 月 29 日〉。

70　周生生集團國際有限公司編：《2016 年報》（香港：周生生集團國際有限公司，
　　2016），122。

71　周生生集團國際有限公司編：《2018 年報》（香港：周生生集團國際有限公司，
　　2018），10。

72　周生生集團國際有限公司編：《2019 年報》（香港：周生生集團國際有限公司，
　　2018），13。

73　六福集團（國際）有限公司編：《2004 年報》（香港：六福集團（國際）有限公
　　司，2004），6。

購物平台 —— 合作推出電子商貿，並借助新浪微博等內地受歡迎的媒體網站擴大網上曝光率，以推高品牌在互聯網用戶群的知名度，同時利用電子商貿渠道協助收集客戶的消費數據及回饋意見。[74] 其後，周大福陸續增加京東、唯品會、蘇寧、魅力惠及亞馬遜等內地主要第三方交易平台。2015年，周大福與微信合作，率先利用當時廣受歡迎的微信「搖一搖」功能進行 iBeacon 近距離營銷活動。[75] 為了發掘更多潛在顧客群，周大福於 2016 年與內地線上知名的旅遊代理商攜程網合作，在內地及海外多個城市開展「全球購」計劃。攜程的用戶在預定旅遊服務時，會收到有關周大福的門店資訊。[76] 近年，周大福銳意在多間內地分店裏加入創新科技應用，例如雲櫃台（Cloud kiosk），以迎合年青一代顧客喜好數碼化的購物體驗，讓他們透過輕觸式屏幕自由選購產品，並可選擇即時在店內取貨或上門送貨。[77]

　　六福在發展其電子商貿業務上也不遜色。2011 年，它率先在天貓開設「六福珠寶官方旗艦店」，並在新浪網及騰信網開設「六福珠寶官方微博」，作為其宣傳企業文化、公

74　周大福珠寶集團有限公司編：《2012 年報》（香港：六福集團（國際）有限公司，2012），20。

75　周大福珠寶集團有限公司編：《2015 年報》（香港：六福集團（國際）有限公司，2015），20。iBeacon 是一種安裝在零售點和廣告位置的傳感器，該傳感器會不斷發射藍牙信號連接使用者智能手機上的微信應用程序。使用者會被邀請打開智能手機的藍牙功能及微信應用程序，然後「搖一搖」智能手機，便可收到禮券，並可參加幸運抽獎贏取特別禮品。

76　周大福珠寶集團有限公司編：《2016 年報》（香港：周大福珠寶集團有限公司，2016），38。

77　周大福珠寶集團有限公司編：《2019 年報》（香港：周大福珠寶集團有限公司，2019），31。

司動向、產品推介、促銷資訊等的網上平台。[78] 此後，六福
逐步將產品放上內地其他著名的網上或移動銷售平台，包括
唯品會、京東商城、蘇寧易購等，期望能夠與實體店產生
協同效應。[79] 近年，隨着網絡遊戲在內地廣受歡迎，六福於
2012 年與網易合作，贊助由後者自行開發和營運的網絡遊
戲《夢幻西遊》。該遊戲有 3.1 億註冊用戶，最高曾錄得有
271 萬人同時上線進行遊戲，是當時全國最受歡迎的網絡遊
戲之一。[80] 此後，六福為了提升品牌於年輕市場的滲透率，
先後與內地人氣手機遊戲《王者榮耀》、《勁舞團》及網絡
遊戲《天下 3》合作推廣，並成為 2017 年「KPL 王者榮耀
職業聯賽」春秋兩個賽季的冠軍指環之指定合作伙伴；六福
也乘勢推出「王者之心」系列產品。[81] 另外，六福也曾與智
能手機運動程式咕咚（Codoon）合作進行推廣，以提升六
福的品牌知名度；[82] 並與「微信」合作推廣「微信朋友券」，
希望藉此吸引更多微信用戶到六福的實體店消費。[83]

　　謝瑞麟珠寶（國際）有限公司在香港珠寶首飾界享負
盛名，在現任集團主席暨行政總裁謝邱安儀的領導下，早已

78　六福集團（國際）有限公司編：《2011 年報》（香港：六福集團（國際）有限公
　　司，2011），18。

79　六福集團（國際）有限公司編：《2015 年報》（香港：六福集團（國際）有限公
　　司，2015），14。

80　六福集團（國際）有限公司編：《2012 年報》（香港：六福集團（國際）有限公
　　司，2012），21。

81　六福集團（國際）有限公司編：《2017/18 年報》（香港：六福集團（國際）有
　　限公司，2018），26。

82　六福集團（國際）有限公司編：《2018/19 年報》（香港：六福集團（國際）有
　　限公司，2019），25。

83　六福集團（國際）有限公司編：《2016 年報》（香港：六福集團（國際）有限公
　　司，2016），22。

注意資訊科技的應用。邱女士早年在美國留學時修讀電腦工程，畢業後曾在香港和美國多間大型資訊科技公司任職，在2002年加入謝瑞麟，主管資訊科技及貨品供應，曾負責更新集團的電腦系統。[84] 近年，謝瑞麟集團在內地市場打拼，大力發展電子商務。2014年6月，謝瑞麟進駐「天貓」，開啟其首個電子商務平台。[85] 三年間，謝瑞麟先後在「京東商城」、「唯品會」、「亞馬遜中國」、「淘寶」及「聚美優品」等推出電子商務平台。[86] 2018年，謝瑞麟建立了自己的官網商城（中國版），並因應手機和平板電腦等行動裝置愈趨普及而推出手機版，使之能夠更有效接觸新的年青客戶群。[87] 2019年8月，謝瑞麟成功進駐京東電子商務平台開設自營旗艦店，提高了網上客戶服務質素，進一步鞏固謝瑞麟在內地線上市場的地位。[88]

　　隨着內地改革開放日益深化，除了一線大城市，二線、三線甚至四線城市的城市化已有相當規模，每年經濟增長幅度遠超一線大城市，居民收入大幅增加，對奢侈品的需要亦因而上升。有見及此，本港金飾珠寶企業近年在發展內地市場時，也注意在次級城市設立銷售點，務求開拓更多新

84　謝瑞麟珠寶（國際）有限公司編：《2008/09年報》（香港：謝瑞麟珠寶（國際）有限公司，2009），30。

85　謝瑞麟珠寶（國際）有限公司編：《2013/14年報》（香港：謝瑞麟珠寶（國際）有限公司，2009），14。

86　謝瑞麟珠寶（國際）有限公司編：《2014/15年報》（香港：謝瑞麟珠寶（國際）有限公司，2009），8 及謝瑞麟珠寶（國際）有限公司編：《2016/17年報》（香港：謝瑞麟珠寶（國際）有限公司，2017），19。

87　謝瑞麟珠寶（國際）有限公司編：《2017/18年報》（香港：謝瑞麟珠寶（國際）有限公司，2018），8。

88　謝瑞麟珠寶（國際）有限公司編：《2019/20年報》（香港：謝瑞麟珠寶（國際）有限公司，2020），16。

客源。以六福集團為例，它在內地的發展重心，截至 2013 年為止仍然是放在一線城市，有超過七成的自營店及四成的加盟店是位於一線大城市裏。2014 年，六福調整了在內地的經營策略，大幅削減位於一線城市的自營店，改為將資源投放於次級城市之中，令位於二線城市的自營店比例急升至大約四成，三線及四線城市的自營店比例也有所提升，由以往不足三成到 2017 年最高峰時的 38%。加盟店的比例也有所調整，雖然位於一線城市的加盟店總數平均維持在大約 200 間左右的水平，但所佔比例有明顯跌幅，由以往的四成降至不足兩成，反觀自 2014 年起新開設的加盟店大多位於非一線城市裏，當中尤以三、四線城市為甚，由以往約佔三成至 2014 年後急增至超過五成[89] 周大福近年也看準內地次級城市內部消費的強勁增長，重點於這些城市裏增加零售點，以維持其內地業務持續增長的勢頭。2012 年，周大福在內地擁有合共 1,448 個零售點，當中達四成半是位於三線或較次級城市，相比於 2007 年只有約二成七明顯有大幅度增長。[90] 這個狀況直至 2020 年仍然沒有大改變。[91]

89　詳參六福集團（國際）有限公司 2012 至 2021 年報的資料。

90　周大福珠寶集團有限公司編：《2012 年報》（香港：周大福珠寶集團有限公司，2012），14。

91　周大福珠寶集團有限公司編：《2020 年報》（香港：周大福珠寶集團有限公司，2020），20。

表 14：六福珠寶在香港和內地自營店的統計

年份	香港自營店	內地自營店			
		一線	二線	三線及四線	總數
2012	32	45	0	16	61
2013	37	55	0	23	78
2014	45	20	37	26	83
2015	48	20	32	27	79
2016	47	27	40	38	105
2017	47	28	54	51	133
2018	48	30	72	55	157
2019	49	35	66	40	141
2020	49	38	42	30	110
2021	47	54	7	16	77

資料來源：六福集團（國際）有限公司 2012 至 2021 年報的資料。

表 15：六福珠寶在內地品牌店統計

年份	內地品牌店			
	一線	二線	三線及四線	總數
2012	308	204	246	758
2013	380	238	326	944
2014	208	355	562	1125
2015	212	410	618	1240
2016	214	398	648	1260
2017	199	402	695	1296
2018	225	432	747	1404
2019	258	494	862	1641
2020	283	560	1035	1878
2021	598	343	1194	2135

資料來源：六福集團（國際）有限公司 2012 至 2021 年報的資料。

　　隨着內地民眾的整體收入水平上升，消費模式也有顯著轉變，從過往聚焦產品轉向服務水平、從商場消費轉向大型百貨公司，以享受更佳的購物體驗。有見及此，周大福很早就已經與百貨公司建立策略伙伴關係，在熱門購物區內的百貨公司開設專櫃。2012 年，周大福在內地有接近九成的直營零售點是以百貨公司專櫃的方式營運，以充份利用百貨公司規模較大的市場推廣活動吸納新客戶。[92] 過往，年長的顧客在購買金飾較喜歡「老字號」，認為是由於其貨真價實、童叟無欺，才能在商場縱橫多年而屹立不倒，然而，年輕一代較重視品牌的潮流性。為此，周生生和周大福等「老字號」，近年也紛紛推出新品牌，以英文命名，打造時尚的形象，冀能開拓新生代的市場。2018 年，周生生推出了 MINTYGREEN 和 EMPHASIS 兩個新品牌，前者在內地的發展較快，一年間就開設了 23 間分店；[93] 至 2020 年，EMPHASIS 在內地也有顯著發展，分店數目增至 12 間；同時，周生生另外兩個品牌 PROMESSA 和 MARCO BICEGO 也打入了內地市場，前者在重慶和上海開設了分店，後者的分店則落戶北京。[94] 周大福近年也推出新品牌 Monologue 及 SOINLOVE，前者針對內地崇尚潮流品味的千禧一代，後者則主攻婚慶市場。[95]

92　周大福珠寶集團有限公司編：《2013 年報》（香港：周大福珠寶集團有限公司，2013），17。

93　周生生集團國際有限公司編：《2018 年報》（香港：周生生集團國際有限公司，2018），10。

94　周生生集團國際有限公司編：《2020 年報》（香港：周生生集團，2020），14-15 及 22。

95　周大福珠寶集團有限公司編：《2017 年報》（香港：周大福珠寶，2017），18。

　　內地遊客向來都是香港金飾珠寶店重要的客源之一。二十世紀八九十年代，當時內地的黃金市場尚未開放，從國外進口金飾珠寶產品需要繳付昂貴的關稅，導致零售價格遠比香港高。此外，在香港各大珠寶首飾店出售的金飾成色統一的標準是 999.9，且強調「貨真價實，信譽昭著」，令金飾成為不少內地旅客的重要採購目標。[96] 那時候，雖然還未有「自由行」等政策，內地旅客需要跟隨旅行團到港，但不少開設於尖沙咀、旺角、油麻地、銅鑼灣等旅遊旺區的金飾珠寶店，每天總是人山人海，擠得水洩不通。有位於港島區的金舖每天都忙於應付大量來光顧的內地旅客，櫃枱外面總是排着好幾層等候選購金飾的顧客，每天店內的存貨基本上都會被清光。[97]

　　內地於 2003 年開放「自由行」，對香港金飾業是天大的喜訊。各大本港金飾珠寶集團紛紛作出部署，希望藉此增加企業的整體收入。周生生採取在旅遊旺區建立旗艦店的策略，除了原有在九龍尖沙咀廣東道的旗艦店外，於 2008 年先後在中環皇后大道中及彌敦道柏麗大道開設規模宏大的旗艦店，接待訪港的內地旅客，目的是建立集團的形象，讓旅客留下深刻印象，令他們返回內地後亦能識別當地的周生生分店。[98] 這策略成功吸引更多內地旅客到周生生消費，2008 年內地訪港旅客對營業額的貢獻只有 31%，翌年已有 6% 顯

96　歐陽偉廉：《流金歲月：香港金業史》，44。
97　秦偉：〈富二代黃蘭詩更是工作狂〉，載《中國市場》，2012 年 38 期，52。
98　周生生集團國際有限公司編：《2008 年報》（香港：周生生集團國際有限公司，2008），10。

著增幅，[99] 及至 2011 年更進一步提升至 48%。[100] 內地旅客對
六福集團的香港業務也是相當重要，以「自由行」的方式來
港的內地旅客佔了其總客量超過一半。為了吸引更多內地遊
客到店內消費，六福集團於尖沙咀和銅鑼灣等旅客購物熱點
增加零售店舖，在 2010 年於尖沙咀就已有五間六福珠寶分
店。[101] 謝瑞麟也採取同樣的策略，在旺角信和中心、尖沙咀
柏麗購物大道及銅鑼灣增設新店舖，與其他分店一起，為內
地旅客提供更佳的服務和購物體驗。[102] 近年，隨着「自由行」
旅客的消費模式轉變，尤其在 2009 年底「一簽多行」政策
推出後，不少旅客前往沙田、荃灣和屯門等民生區消費購
物，謝瑞麟也因此改變策略，除了在沙田新城市廣場重新設
立分店外，還將荃灣和屯門的分店搬遷至內地旅客較集中的
位置，以吸引更多客源。[103]

　　踏入千禧年，本港各大金飾珠寶企業積極發展內地業
務。近年，它們的內地業務有着強勁的增長，佔整體營業額
的比例也愈來愈大。周大福很早就已經發展它的內地業務，
截至 2012 年上市時，其內地的珠寶銷售業務已經佔該集

99　周生生集團國際有限公司編：《2009 年報》（香港：周生生集團國際有限公司，
　　2008），8。

100 周生生集團國際有限公司編：《2011 年報》（香港：周生生集團國際有限公司，
　　2011），8。

101 六福集團（國際）有限公司編：《2010 年報》（香港：六福集團（國際）有限公
　　司，2010），13。

102 謝瑞麟珠寶（國際）有限公司編：《2010/11 年報》（香港：謝瑞麟珠寶（國際）
　　有限公司，2011），19。

103 謝瑞麟珠寶（國際）有限公司編：《2012/13 年報》（香港：謝瑞麟珠寶（國際）
　　有限公司，2013），18。

團全年總營業額超過一半；[104] 2017 年更突破六成；[105] 2020
年，香港業務仍然受着社會事件的餘波所纏繞，加上新型冠
狀病毒（COVID-19）肆虐，出現大幅度的收縮；反觀內地
在疫情受控後，在中央政府提倡內循環的政策下，經濟迅速
恢復元氣，雖然周大福在內地的營業額有所放緩，但在香港
業務的表現更見疲弱下，令其內地業務佔集團整體營業額高
達七成；[106] 2021 年，內地的珠寶銷售業務繼續成為周大福
生意增長的主要引擎，佔總營業額超過八成半。[107] 同樣地，
六福集團的內地業務在 2010 年以前只佔集團總收入很少的
份額，[108] 但此後卻呈高速增長，至 2017 年六福有三成收入
是來自其內地業務；[109] 2020 年，六福集團在內地的業務收
入更首次超越其香港業務 —— 44% 和 39% 之比；[110] 2021
年，由於香港零售市道持續疲弱，六福集團的內地業務佔
集團總收入接近六成。[111] 周生生近年在內地市場的收入對集
團的重要性與日俱增，從 2006 年只佔 7.2% 升至 2013 年的

---

104 周大福珠寶集團有限公司編：《2012 年報》（香港：周大福珠寶集團有限公司，
　　2012），15。

105 周大福珠寶集團有限公司編：《2017 年報》（香港：周大福珠寶集團有限公司，
　　2017），26。

106 周大福珠寶集團有限公司編：《2020 年報》（香港：周大福珠寶集團有限公司，
　　2020），42。

107 周大福珠寶集團有限公司編：《2021 年報》（香港：周大福珠寶集團有限公司，
　　2021），39。

108 六福集團（國際）有限公司編：《2009 年報》（香港：六福集團（國際）有限公
　　司，2009），94。

109 六福集團（國際）有限公司編：《2017/18 年報》（香港：六福集團（國際）有
　　限公司，2018），183。

110 六福集團（國際）有限公司編：《2019/20 年報》（香港：六福集團（國際）有
　　限公司，2020），219。

111 六福集團（國際）有限公司編：《2020/21 年報》（香港：六福集團（國際）有
　　限公司，2021），235。

29.6%。[112] 此後，香港市場的表現每況愈下，但內地市場的
收入卻不斷增加，至 2019 年周生生在內地銷售的收入首次
超越香港及澳門市場的總和，[113] 兩者的差距於 2020 年更進
一步擴闊。[114]

◎　夕陽西下的香港打金業

　　自二十世紀九十年代，香港打金業的衰落已早見端
倪。據統計，1990 年全港共有 1,042 家珠寶首飾廠，僱用
員工接近 13,970 人；翌年，全港珠寶首飾廠的數量增加至
1,522 家，但僱用員工的數目輕微減少至 12,751。1993 至
1995 年間，整個行業已呈收縮趨勢，全港珠寶首飾廠的數
量比高峰期已減少了四份之一，只有約一千間左右，僱用員
工數目維持在一萬人左右的水平。然而，情況於 1996 年急
轉直下，全港珠寶首飾廠數目大減四成，只剩下 619 間，
聘用員工總數減少至 6,987 人。[115] 無論是珠寶首飾製造廠的
數量還是從業員的人數皆呈下降軌跡，顯示香港的打金業已
經風光不再。

　　要分析整個行業沒落的原因，大抵先要從整個行業的
結構談起。根據二十世紀八十年代末當時香港政府貿易處所

---

112 詳參周生生集團國際有限公司 2006 至 2013 年報的資料。

113 周生生集團國際有限公司編：《2019 年報》（香港：周生生集團有限公司，
　　2019），112。

114 周生生集團國際有限公司編：《2020 年報》（香港：周生生集團有限公司，
　　2020），122。

115 錢華：《因時而變：戰後香港珠寶業之發展與轉型》，68-69。

表 16：六福集團香港與內地市場的比較（2010 年 - 2021 年）

年份	香港市場	比例	內地市場	比例	總收入
2010	$3,985,958,680	74%	$855,496,000	16%	$5,386,432,000
2011	$5,886,770,000	72.8%	$1,401,780,000	17%	$8,091,121,000
2012	$8,278,475,000	69.5%	$2,204,624,000	18.5%	$11,907,440,000
2013	$8,715,955,000	65%	$2,841,582,000	21.2%	$13,411,691,000
2014	$11,957,141,000	62.2%	$4,226,770,000	22%	$19,214,930,000
2015	$9,513,081,000	59.7%	$4,003,262,000	25.1%	$15,922,708,000
2016	$8,218,304,000	58.6%	$3,911,751,000	27.9%	$14,031,302,000
2017	$6,940,960,000	54.2%	$4,134,091,000	32.3%	$12,807,277,000
2018	$7,407,584,000	50.8%	$5,063,673,000	34.7%	$14,578,409,000
2019	$7,633,013,000	48.1%	$6,006,981,000	37.9%	$15,859,990,000
2020	$4,442,332,000	39.5%	$4,964,081,000	44.2%	$11,233,771,000
2021	$2,409,518,000	27.2%	$5,310,301,000	59.9%	$8,861,335,000

資料來源：綜合 2009-2021 六福集團（國際）有限公司年報

表 17：內地和港澳市場佔周生生貨品銷售總收入比較（2006 年 - 2020 年）

年份	香港及澳門市場	比例	內地市場	比例	總收入
2006	$6,409,365,000	91.8%	$503,029,000	7.2%	$6,981,480,000
2007	$6,775,552,000	86%	$1,026,693,000	13%	$7,873,583,000
2008	$8,298,243,000	84%	$1,505,196,000	15.2%	$9,881,505,000
2009	$7,501,872,000	79.3%	$1,875,560,000	19.8%	$9,463,436,000
2010	$8,832,324,000	75.5%	$2,763,666,000	23.6%	$11,705,291,000
2011	$12,489,966,000	72.8%	$4,535,537,000	26.4%	$17,158,286,000
2012	$12,501,901,000	68.5%	$5,636,946,000	30.9%	$18,260,232,000
2013	$17,561,531,000	69.8%	$7,452,315,000	29.6%	$25,142,440,000
2014	$12,202,321,000	63.4%	$6,910,642,000	35.9%	$19,245,958,000
2015	$11,262,353,000	59.1%	$7,690,270,000	40.3%	$19,069,257,000
2016	$8,653,601,000	53.8%	$7,339,783,000	45.6%	$16,092,537,000
2017	$8,508,410,000	51.2%	$8,031,837,000	48.3%	$16,633,381,000
2018	$9,363,640,000	49.8%	$9,328,580,000	49.6%	$18,806,342,000
2019	$7,912,189,000	44.6%	$9,689,478,000	54.6%	$17,736,226,000
2020	$6,194,634,000	41.2%	$8,686,658,000	57.8%	$15,032,420,000

資料來源：綜合 2006-2020 周生生集團國際有限公司出版的年報。

做的有關珠寶製造及出口的調查，截至 1988 年 9 月，全港
共有 970 間金飾珠寶製造廠，合共僱用 15,119 名從業員；
當中 84% 只屬小型工場，僱用工人少於 20 人；中型工廠
佔 14%，通常僱用員工介乎 20 至 99 人；大型製造廠只有
20 間，通常僱用超過 100 名工人，當中有七間最具規模，
包括屬行業龍頭的周生生、周大福旗下的工場等，聘用超過
200 名工人；事實上，整個行業超過兩成的工人是受僱於這
七間全港規模最大的金飾珠寶製造廠。[116]

　　大型金飾珠寶製造廠與中、小型製造廠及工場的關係
唇齒相依，前者除了打造金飾珠寶供外銷或本地大小金舖作
零售用途，也會將一些應接不暇或利潤不高的訂單外判予後
者。[117] 但如上節所述，不少本港大型金飾珠寶企業自二十世
紀八十年代末、九十年代初，已經着手將部分生產工序北
移，在廣東省內設立生產廠房，例如順德、沙頭角等地。那
時候，內地的生產線是有其局限性的，工人的技術水平仍有
待提升，因此，只能進行低端產品的生產，但內地的優勢在
於廉價的土地和勞工成本，工廠規模較香港大，僱用工人的
數量較多，採用流水作業的生產模式，有條件和能力進行大
量生產。在這個情況下，企業內部會進行分工，將需要大
量生產或毛利較少的訂單安排於內地的廠房處理，在此情
況下，香港的生產廠房在規模上無可避免出現萎縮，即使

---

116 Commerce and Economic Development Bureau：〈Hong Kong Jewellery Industry and
　　Export（1989）〉，收錄香港特別行政區政府檔案處，檔案編號：HKRS1539-1-
　　24。
117 同上。

是周生生位於長沙灣的廠房，今天也只剩下約百名員工。[118]
正所謂「牽一髮、動全身」，當大廠的訂單減少，能夠外判
給中、小型製造廠或工場的訂單也會相應減少，間接對後者
的生意產生衝擊。中、小型製造廠或工場東主在考慮到自身
的經營狀況及整個行業的前景，有的選擇結業、有的跟隨潮
流大勢北上設廠；即使選擇留港堅守，也不得不縮減生產規
模和人手，例如只承接成本效益高的訂單、不再添購新機
器，及一人身兼多職等。[119]

　　在二十世紀六七十年代，打金師傅是相當吃香的行
業。究其原因，在於中國人對金飾情有獨鍾，不僅是送禮和
自用的佳品，更將之視為儲蓄或投資的不二之選。因此，金
舖在港九各地林立，單是一條上海街，在全盛時期就有五、
六十間金舖在內營業。那時候，對打金師傅的需求量很大，
因為當時大部分金舖都會聘請打金師傅打造自家出售的金
飾，部分具規模的金舖在其店後的工場甚至有多達十幾位
打金師傅進行生產。[120] 打金師傅最有價值的是他們嫻熟的手
藝，每一件成品都是獨一無二；當時金飾珠寶設計仍未曾專
門化，且普羅大眾對款式的要求不高，打金師傅可以憑着個
人意念和工藝技術去打造不同款式的金飾。因此，「手藝好」
的打金師傅在行業內的議價能力也較高，除可以「件薪」的
方式賺取更高酬勞外，部分具有雄心壯志的打金師傅甚至會
自立門戶，開設打金工場，聘請師傅和招收學徒，承接更多

118 甘穎軒：〈訪顏卓偉先生，2020 年 12 月 29 日〉。
119 甘穎軒：〈訪張根華先生，2019 年 7 月 5 日〉。
120 歐陽偉廉：《流金歲月：香港金業史》，78-79。

生意。考慮到從前香港社會向上流動的機會不多，對於學歷不高的年青人而言，學習一門手藝成為打金師傅，養活自己和家人，也不失為一條好出路。

倒模鑄造技術出現，並大量引進機器輔助生產，對打金師傅以至整個打金行業造成很大的衝擊。倒模鑄造的優點是只需製造一件模具，就能夠在短時間內複製數百件產品，相比以往打金師傅以手批方式製件，生產速度快上千萬倍，成本也大幅降低，零售價格也愈趨大眾化。香港自二十世紀七十年代經濟起飛，中產階層日漸壯大，普羅大眾對奢侈品的需求急增，倒模鑄造的生產技術正好配合當代香港的社會發展。由於金飾成品是用模具鑄造，所以不會出現因個別師傅的工藝技術參差而有差別，對消費者也有較大保障。此外，機器被廣泛應用在不同的生產工序之中，包括壓片、倒模、車花甚至打磨等，扮演的角色愈來愈重要，反觀打金師傅逐漸被邊緣化，淪為機器的操作者，或只負責部分未有使用機器的工序，他們巧奪天工的工藝技術變得無用武之地。有打金師傅坦言，機器的出現使他們的收入減少，生計無可避免受到影響，以往門庭若市的境況已不復再。[121]

昔日，顧客比較重視金飾本身的品質，最關心的是貨品是否貨真價實，對款式及設計的要求較低。從前，行業內並沒有開設專門職位負責金飾珠寶的設計工作，一般只是由懂得畫圖的櫃面職工負責，但更常是由打金師傅「兼任」，在打造金飾珠寶的過程中按照其意念和技巧即興完成。[122] 但

121 馬木池：〈伴我成表的故事 —— 周大福珠寶金行有限公司史略〉，304。
122 錢華：《因時而變：戰後香港珠寶業之發展與轉型》，171-172。

自二十世紀八十年代開始，金飾珠寶設計有專業化的趨勢，工業學院及各大專院校相繼開設相關的文憑或高級文憑課程，行業內出現了珠寶設計師的職銜。在電腦的幫助下，珠寶設計師不一定需要精通打金的技藝，只需運用電腦軟件就可設計金飾，更可隨意在電腦上作出任何修改，省時之餘也大大減低生產成本。[123] 自此之後，打金師傅需要按照珠寶設計師所制定的圖樣進行生產，失去了往日創作自主的空間。一件美輪美奐的金飾珠寶所反映的是珠寶設計師背後的創作意念，打金師傅已徹底淪為單純的產品製造者。

自九十年代開始，香港金飾珠寶零售業走向集團化，大品牌的市場佔有率不斷攀升，大公司之間的競爭也日趨白熱化，它們的店舖遍佈全港各區，規模較小的金舖在經營上變得艱難，生意不景而被迫結業的為數不少。由於大公司有自己的生產線，所以眾多小金舖結業變相令金飾的需求量減少，打金工場的生意也會變得艱難。[124] 此外，香港製造業北移已是大勢所趨，不少大型金飾製造廠甚至中、小型打金工廠相繼北遷，本地的職位大幅減少，大量從業員因而失業，行內對打金師傅的需求減少，薪酬和待遇已難與昔日景氣時相比，曾在多所中、小型工場任職機械士的鄺添合先生在接受筆者訪問時，回憶在上世紀九十年代中期，月薪大約是港幣一萬五千元，但在行內已屬高薪一族了。[125] 事實上，當時製造業的工資水平已遠遠落後服務性行業，根據香港政府統

---

123 同上，108-109。

124 歐陽偉廉：《流金歲月：香港金業史》，75。

125 甘穎軒：〈訪鄺添合先生，2020 年 6 月 19 日〉。

計處的數據，1995 年製造業工人的平均月薪只有港幣 7,959 元，但金融、保險、地產等商用服務業的從業員的平均月薪已達港幣 10,288 元。[126] 香港自推行九年免費教育後，本地青年的教育水平普遍提高，他們對未來的前途也有更高冀盼，眼見打金業已今非昔比，整體的行業需求減少，薪酬待遇又及不上其他新興產業，自然為之卻步。另一方面，年青人不願意入行，令金飾製造廠和打金工場出現招聘困難，面對青黃不接的困局，張根華先生在受訪時坦言，由於沒有新人入行，現時很多打金師傅的年紀是六十多歲，已達退休之齡。[127] 有見及此，有部分經營者感到意興闌珊，選擇結束營業，也有部分選擇將廠房或工場搬到內地，進一步減少聘用本地工人，造成惡性循環。

　　技藝承傳的方式自二十世紀八十年代開始出現巨變。隨着社會發展，學校教育變得愈來愈制度化和規範化，「沙紙」在知識型經濟下成為求職和晉升的重要工具，職業教育所覆蓋的行業也愈來愈廣泛，不同的院校皆開設與金飾珠寶行業有關的課程，有別於以往師傅「執手教」的方式，學院的教學系統化，考核也有明確標準，但畢業後卻要自行求職。傳統的師徒制沒落，「見習生」取代了「學徒」，且大多是經由學院培訓出來，入職後可以立即投入生產工作。不過，學院的課程更多地着重金飾珠寶的設計和鑑定，工藝訓練只是課程內的一部分，且偏重理論，實踐機會較以往少，

---

126 香港政府統計處：《香港統計年刊一九九六年版》（香港：香港政府，1996），25。

127 甘穎軒：〈訪張根華先生，2019 年 7 月 5 日〉。

新入行技師的工藝水平難免出現良莠不齊的情況。[128]

　　北上發展又是否打金師傅的出路呢？誠然，在二十世紀九十年代開始，行業內已有不少具資歷的打金師傅獲得內地港資製造廠招手而北上工作，但要在這些港資廠內覓得長期工作，倒也不容易。鄺添合先生曾經於千禧年前後跟隨原來受僱的港資金飾製造廠北上到深圳工作，但只工作了兩年就離開，他在深圳工廠內的主要工作是充當「教練」。他憶述：「他當時任職的部門是負責織（金）鏈的，規模很大，有多達十多台機器，老闆最初請了一名內地師傅，但他不懂得調校機器，於是聘請我北上協助，並找來多位內地師傅跟隨我學習相關的技術，兩年後他們就能完全掌握了。」[129] 他坦言：「決定北上時早已有心理準備，老闆只期望我去充當『教練』的角色，培訓內地師傅，畢竟香港師傅的人工遠高於內地師傅。」[130] 當然，各人在職場上的際遇不同，鄺先生的經歷或許不能代表所有北上發展的打金師傅，但也反映北上這條路對於香港打金師傅而言，也是不容易的。

　　千禧年後，香港的打金工場與以往全盛時期相比，在規模和數量上相距甚遠。鄺先生的際遇或許已是比較幸運了，雖然他回港後曾短暫轉行任職保安員，但不久經朋友引薦，在本地一間小型打金工場覓得全職工作，直至 2019 年因工場結業而正式退休。[131] 黃永輝先生則早已感到打金業已

128 錢華：《因時而變：戰後香港珠寶業之發展與轉型》，171-172。

129 甘穎軒：〈訪鄺添合先生，2020 年 6 月 19 日〉。

130 同上。

131 同上。

近黃昏，加上年紀漸長，需要穩定的工作，於是在 1997 年毅然轉行，任職巴士公司車長，至今已達 15 年。[132] 其實，留港的打金師傅除了如酈先生般在本地小型的打金工場打工外，或只能受僱於大品牌的分店裏，充當駐場師傅，為客人攜來的金飾進行修改或維修工作；部分有資本的師傅則會開設小型工場，接小型金店的加工、修改、鑲嵌等外判工作。[133]

對於香港打金業的前景，多位接受筆者訪談的業內從業員皆認同整個行業已是夕陽。張根華先生明言：「現時香港的打金業是式微的，無了，畫上休止符。」[134] 酈添合先生也認同行業已走向式微，因為無年輕人會入行。[135] 黃永輝先生指出：「人手打金自倒模技術出現後已經式微，加上後來有 3D 打印技術，打金師傅的重要性愈來愈低，現在甚至維修戒指也採用激光技術，這一行不會再有發展了。」[136] 和盛金行的張偉南先生明言：「現時在香港做首飾是搵不到食的，香港打金業已是夕陽了，某天若我退休後，店內就不會有人懂得這些技術了。」[137]

132 甘穎軒：〈訪黃永輝先生，2022 年 2 月 10 日〉。

133 歐陽偉廉：《流金歲月：香港金業史》，97-99。

134 甘穎軒：〈訪張根華先生，2019 年 7 月 5 日〉。

135 甘穎軒：〈訪酈添合先生，2020 年 6 月 19 日〉。

136 甘穎軒：〈訪黃永輝先生，2022 年 2 月 10 日〉。

137 甘穎軒：〈訪和盛金舖張偉南先生、張汝榮先生，2020 年 3 月 20 日〉。

◉ 小結

　　自二十世紀八十年代開始，內地實施改革開放政策，鼓勵港資企業北上投資設廠，為此提供了稅項寬減和其他便利措施。這對港資企業來說，無疑是龐大機遇，畢竟香港的經濟起飛了，昔日低廉的土地和勞動成本消失了，生產成本不斷上漲，北上投資設廠，面向十億人口且仍待開發的市場，誘因不可謂不少。香港的金飾珠寶行業也跟隨了這個時代巨輪，由周大福、周生生等龍頭大企業牽頭，由初期北上設廠生產，意圖降低生產成本，進而在內地的主要城市開設零售點，或找來在內地志同道合的同業開設品牌店，利用後者在地區的知識和商業網絡，協助品牌廣泛地深入內地不同的地方省市，以最快速度搶佔當地市場，從它們在內地市場的收益或銷售額的百分比已充分反映內地市場對它們的重要性。同時，因應內地開放境外個人遊，香港各大金飾珠寶企業紛紛在各主要旅遊區加開分店，甚至開設旗艦店，吸引內地旅客消費之餘，也藉此確立自家品牌在內地消費者心目中的形象。

　　然而，香港打金業卻呈日落西山的狀況。自從二十世紀八十年代倒模鑄造技術被廣泛應用在金飾珠寶生產上，打金師傅在整個生產過程中的重要性已大不如前，任憑你空有一身手藝，能夠將金飾打造得栩栩如生、精緻華麗，但始終無法達到機器所能做到的量產，加上具資歷的師傅人工高，在重視成本控制的現代工業中，被邊緣化甚至被淘汰，似乎也只是時間上的問題。自八十年代，金飾珠寶設計日漸專門

化，珠寶設計師的出現在一定程度上分薄了打金師傅昔日在飾品製造過程上所擁有的「話語權」；隨着本地教育機構開設的珠寶金飾課程愈來愈多，在講求資歷的新時代，「師徒制」、「執手教」等已變得不合時代需要，打金師傅在技藝傳授的角色上也逐漸被淡化。二十世紀九十年代大量打金工場北移或結業，加速了整個行業的衰亡，打金師傅要不隨工廠北上，否則就只能選擇轉行或退休，剩下少部分仍然受僱於大品牌的門市或留守本地為數不多的小型工場。打金業在欠缺年青新血入行的情況下，只能依靠老一輩的師傅在苦苦支撐，被時代巨輪吞噬的命運，看來已是無法逆轉了。

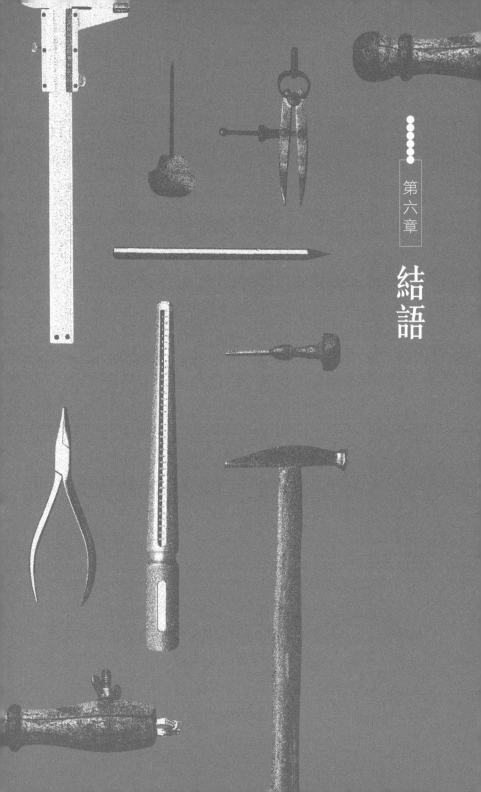

第六章

結語

　　中國人喜愛黃金，因為它是富貴的象徵，代表尊貴和權威，寓意吉祥、喜氣和美麗。中國人對金飾情有獨鍾，不單視之為用於個人裝飾的商品，而且兼具投資和保值功能，因此，在華人聚居的地方，總會有金舖存在。本書從金飾的生產、零售和行業組織等多個不同範疇闡述香港金飾業的發展歷史，探索金舖的經營模式及其保安措施的演進、從打金學徒到打金師傅的上流之路、與金飾製作（俗稱「打金」）有關的傳統工藝技術、機器如何應用於金飾生產中、機器的出現能否全面取代打金師傅的位置，以至與香港金飾業相關的行業組織歷史及其職能等，當中也反映不同時期香港的社會經濟狀況和變遷。隨着內地與香港的社會經濟關係愈趨密切，北望神州是大勢所趨，對香港的金飾業及打金業是機遇還是衝擊，這都是本書希望討論的焦點之一。

　　香港金飾業的發軔可以追溯至十九世紀中葉，香港的人口結構以華人社群為主體，不論富貧，對金飾也有需求，所以早年金舖大多開設於華人聚居地區，例如香港島的文咸東街、永樂街、皇后大道中一帶，及九龍半島的上海街，當時貨品的種類比較簡單，主要是手鐲、耳環、項鍊及戒指等。在二十世紀上半葉，香港金飾業迎來幾次發展機遇，首先在三十年代，由於內地政局動盪，不少在廣州的金舖經營

者為了分散風險，紛紛南下在港澳設立分號，例如周大福等，加上中日戰事爆發，大量內地人士避居香港，在生活艱困下被迫變賣手上金器，令金舖生意暢旺；另一次在戰後初期，國共內戰爆發，加上國民黨政權無法穩定金融市場，金舖經營困難，不少如周生生等轉戰香江，因而壯大了整個香港金飾業的實力，為日後發展奠下基礎。

戰後初期，百廢待興，香港社會普遍仍不富裕，普羅市民平日為口奔馳，家庭經濟大多緊絀，消費能力有限。此外，金舖存貨量也受制於當時香港政府的金舖三等制。由於不少金舖是小本經營，規模有限，故普遍只使用半邊舖營業，剩下一半舖面常會出租予其他經營者，或闢作經營其他業務，部分財力有限的商號經營者也會尋找與其他經營者共同承租舖位，以節省開銷。為了增加生意，有些金舖除了金飾，還會售賣鑽石、鐘錶、刀具、古董、藝術品，甚至是郵票和馬票等，同時兼營貨幣兌換及代辦僑匯，目的是吸引更多顧客進店，增加與顧客接觸的機會，讓店員可以藉機向他們銷售金飾或吸納他們將現款存進金舖裏。當然，有金舖主要出售自家製的金飾，只會在有需要時才接洽「行街」補充貨品。

金舖經營方式具有中國傳統文化的色彩。中國人的社會關係是從內推展到外，以原生家庭為核心，再擴展至親戚、同宗、鄉黨、朋友等，這種關係基礎可以從香港金飾業的發展中找到，昔日香港的金舖大多是小本生意，以家庭式經營為主，有夫婦、兄弟間共同攜手，也有從親族或鄉里裏尋找合作伙伴，即使是今天在交易所上市的大型珠寶企業，追溯其最初的經營，也是離不開家庭或鄉里間合作的模式。

俗語有云：「同行如敵國」，但在香港金飾業中，同行之間又未必一定是「如敵國」，中國傳統儒家文化也強調守望相助和眾志成城，這些高尚情操反映在店號之間相互幫忙及互相支援，每逢旺季買金者眾，商號的貨源未能應付，又或遇有顧客要求特別的款式，商號一時之間未能滿足，皆會向鄰近好友的商號尋找支援，借金或借貨以解決燃眉之急。另外，早年香港社會治安不靖，警力不足，商號間為求自保，皆會聯合起來組織巡邏隊，一方有難，八方支援，務求防範針對金舖的劫案，並將損失減到最低。

香港自二十世紀五十年代走上發展工業的道路，輕工業當時得令，大量青年加入製造業成為學徒，希望學得一技之長，有朝一天能夠晉身成為師傅，這是當時不少人向上流動的方式。不過，以打金行業為例，要成為師傅必須有堅強的意志和忍耐力，因為學徒的學習生涯一般長達三至五年，雖然師傅普遍會供給住宿和伙食，但學徒也需應付不少與生產無關的「下欄」工作，間中或會受到其他年資較深的學徒欺凌。由於「滿師」與否全憑師傅的主觀判斷，故此學徒一般不敢隨便開罪師傅。學徒在「滿師」後的出路不外是繼續跟隨師傅工作，或是自立門戶開設打金工場，收入多寡全憑個人際遇和生產能力，工藝水平高且生產力強的師傅一般是「件薪」，以六七十年代的情況而言，其每月所獲得的薪酬相比起白領的管理階層也毫不遜色。

在機器未曾普及應用之前，一般的工序包括「熔金」、「吸模」、「輾片」、「掐絲」、「錘鍱」、「批花」、「鑲作」、「打磨」等，都是打金師傅以全人手方式進行。自二十世紀七十年代開始，各式機器被廣泛引進和使用，節省了時間和

成本，大大提升了打金工場的生產能力，昔日打金師傅每天只能生產十多件金飾，有了機器後可以在很短時間內製造出數百件產品。然而，機器只能做到量產，如果遇上有特別要求的訂單，機器就難以處理，必須由打金師傅按客人要求個別完成。此外，一台機器的成本不菲，規模較大的打金工場當然有能力負擔，但對於大部分中小型的打金工場，購買機器是一筆鉅大投資，決定前需要經過各持份者非常審慎的考慮，而且後工序的階段還是需要由打金師傅在機器的幫助下完成，例如打磨。另外，金飾維修涉及不同範疇，對打金師傅的要求更高，實非機器所能完全替代。

筆者認為機器的應用對本港打金業的衝擊並非致命性，因為機器的廣泛使用充其量只會影響傳統打金手藝的傳承，只要打金師傅能夠隨時代轉型，成為機器的操作者，整個打金行業在現代化大潮下仍可繼續發展。真正令整個行業變成夕陽，是金飾生產地點的轉變。香港自二十世紀七十年代開始經濟起飛後，百物騰貴，生產成本大增，與此同時，內地實施改革開放政策，推出種種優惠措施，吸引香港資金返內地投資，在推力和拉動兩方面影響下，造成大量金飾製造廠或打金工場北移，對本地打金師傅的需求量因而大幅減少。短期而言，打金師傅隨工場北上是延續其職業生涯的一個途徑，但相比內地聘用的師傅，本港師傅的薪酬畢竟高很多，故此僱主大多只視聘用香港師傅為過渡性安排，期望他們能夠充當教練角色，培訓內地師傅，讓後者在未來可以順利接棒。行業缺乏前景，尤其當香港走向知識型經濟，以第三產業作為發展重心，年青人入行的意欲自然不高，本港打金業逐漸成為明日黃花，現在只能依靠老師傅們苦苦支撐。

　　但北望神州卻為香港金飾業帶來了一個重大的發展機遇，內地消費者普遍對香港的金飾品牌有信心，這有利本港企業進軍內地金飾零售市場，所以當中央政府自上世紀末逐步放寬外資進入內地零售市場的限制時，本港知名金飾龍頭企業紛紛部署北上開拓內地市場，不同企業採取不同的經營策略，周生生採取較為穩打穩紮的營商策略，以在內地建立品牌的聲譽和知名度為主要考慮，所以更多地採取自營店的經營模式，以周生生的名字在國內的一、二線城市開店。相比之下，六福的策略則較為進取。六福在本港金飾品牌中屬後起之秀，為了更快地搶佔內地市場，不僅開設自營店，而且更常找來內地志同道合者開設加盟店，希望利用後者對本地市場的知識，加快六福在內地三、四線城市的發展，近年，六福在內地加盟店的數量遠超自營店。周大福則在兩者之間，在內地既有自營店，也有不少加盟店，數目多年來皆保持在七三之比，一方面可以利用加盟店在本地的商業網絡，另一方面能夠有效管理加盟店的質素，避免因其欠缺專業的銷售表現影響內地消費者對周大福品牌的信心。但無論採用哪種策略，內地市場對本港金飾行業的龍頭企業在業務上的重要性與日俱增，近年超過一半的銷售額和利潤是來自它們的內地市場，反觀香港市場的佔比每況愈下，本港市場對它們的重要性已經今非昔比。

　　本港金飾業界是由三個不同的群體所組成，包括商人、文員及打金師傅，在上世紀，他們各自成立了自己的行業組織，為社群內的成員對外發聲及謀福利。香港唐裝首飾商業會是本港最早的金飾業商會，成立之初雖然會員人數不多，且主要來自香港島尤其是位於中上環地區的商號為主，

但卻努力建立一個良好的營商環境，訂立了不少行規，要求會員共同遵守，避免同業之間出現惡性競爭，不幸地第二次世界大戰爆發令該會戛然結束，戰後九龍珠石玉器金銀首飾業商會和香港珠石玉器金銀首飾業商會相繼成立，繼承了香港唐裝首飾商業會的衣缽，共同為業界福祉而努力，至今已超過七十載。戰後初期，香港社會物質條件欠佳，一般人日常的娛樂並不多，有見及此，業內熱心人士分別組織了港九珠寶金銀首飾業文員協進會及九龍首飾業文員會，組織各種不同的文娛康樂活動和興趣小組，讓會員在工餘時間能夠聚首一堂，在消遣之餘也能交換職場上的訊息。港九金銀首飾器皿總工會於戰後初期成立，取代了昔日的香港同益首飾研究社，成為打金師傅和學徒的行業組織。該會成立初期，在困難中苦苦經營，在財政極度緊絀下，努力為會員謀福利。近年，該會因應時代環境的變遷，易名為香港金銀首飾工商總會，但在促進工商之間的團結和合作的初心，至今不變。

鳴　謝

（按筆畫順序排列）

九龍珠石玉器金銀首飾業商會

吳振騰先生

香港大學圖書館

香港中文大學圖書館

香港金銀首飾工商總會

香港浸會大學持續教育學院

香港浸會大學圖書館

香港特別行政區政府檔案處

香港珠石玉器金銀首飾業商會

高敏同學 （研究小組成員）

張汝榮先生

張偉南先生

張淑賢女士

張華根先生

郭明義先生

郭嘉俊同學 （研究小組成員）

陳紹威同學 （研究小組成員）

黃永輝先生

黃紹基先生

劉克斌先生

蕭翠文女士

衞奕信勳爵文物信託

霍玉梅女士

鄺添合先生

顏卓偉先生

參考文獻 _____

（1）檔案資料

香港政府檔案處

檔案編號 HKRS41-1-4896-1：The Hong Kong & Kowloon Jewellers and Goldsmiths Association (1949)

檔案編號 HKRS41-1-4896-2：The Hong Kong & Kowloon Jewellers and Goldsmiths Association (1949-1950)

檔案編號 HKRS41-1-6706：Possession of Gold (Goldsmiths) order 1949

檔案編號 HKRS114-6-748：Po Hang Goldsmith Company, Limited

檔案編號 HKRS837-1-28：Hong Kong & Kowloon Gold & Silver Ornaments & Wares Workers Union (1948-1962)

檔案編號 HKRS837-1-37：Kowloon, Pearls, Precious Stones, Jade Gold & Silver Ornament Merchants Association (1946-1956)

檔案編號 HKRS837-1-52：Hong Kong, Pearls, Precious Stone Jade, Gold & Silver Ornament Merchants Association (1946-1953)

檔案編號 HKRS837-1-80：Hong Kong & Kowloon Jewellery, Jade-Stone, Gold and Silver Ornaments Employees Association (1946-1955)

檔案編號 HKRS1539-1-24：Jewellery Industry in Hong Kong (1987-1989)

（2）報章、刊物及上市公司年報

《九龍首飾業文員會週年紀念特刊》（1957-1958 年）

《大公報》

《工商晚報》

《六福集團（國際）有限公司年報》

《天光報》

《文滙報》

《周大福珠寶集團有限公司年報》

《周生生集團國際有限公司年報》

《東方日報》

《香港工商日報》

《香港商報》

《香港華字日報》

《港九金銀首飾器皿總工會革新紀念特刊》（1951-1998 年）

《華僑日報》

《選擇月刊》（369 期）

《謝瑞麟珠寶（國際）有限公司年報》

(3) 中文著述

丁新豹、黃迺錕（1994）。《四環九約：博物館藏歷史圖片精選》。香港：香
　　港博物館。

九龍首飾業文員會（2018）。《九龍首飾業文員會成立六十六週年紀念特刊》。
　　香港：九龍首飾業文員會。

中共中央黨史研究室第三研究部（2002）。《中國改革開放史》。瀋陽：遼寧
　　人民出版社。

王惠玲、莫健偉（2020）。《鄭裕彤傳：勤、誠、義的人生實踐》。香港：三
　　聯書店（香港）有限公司。

王雁異（1995）。《香港勞工與社會保障》。北京：中國經濟出版社。

王賡武（1997）。《香港史新編》。香港：三聯書店（香港）有限公司。

何耀生（2009）。《香港製造·製造香港：香港工業過去　現在　未來》。香港：
　　明報出版社有限公司。

余繩武、劉存寬（1993）。《十九世紀的香港》。北京：中華書局。

呂文元（2001）。《中國黃金知識博覽》。北京：中國建材工業出版社。

李榮彬、馮蘇寶、姜衛平（1997）。《香港與珠江三角洲工業發展 —— 機遇與
　　策略》。香港：香港理工大學製造工程系、香港科技協進會和深圳綜合開發
　　研究院。

協群公司（1940）。《香港華僑工商業年鑑》。香港：協群公司。

周大福珠寶集團有限公司（2011）。《華·周大福八十年發展之旅》。香港：
　　周大福。

周佳榮（2002）。《香港中華總商會百年史》。香港：香港中華總商會。

周奕（2009）。《香港工運史》。香港：利訊出版社。

周凌楓、王向華（2017）。《坐看雲起：平民商人謝瑞麟》。新北：華藝學術。

周樹佳（2021）。《香港諸神：起源、廟宇與崇拜》。香港：中華書局。

胡漢輝（1986）。《香港黃金市場》。香港：三聯書店。

香港九龍商業分類行名錄出版社（1939）。《香港九龍商業分類行名錄》。香
　　港：香港九龍商業分類行名錄出版社。

香港金銀首飾工商總會（2009）。《香港金銀首飾工商總會第六十屆紀念特

刊》。香港：香港金銀首飾工商總會。

香港金銀首飾工商總會（2019）。《香港金銀首飾工商總會七十周年年刊》。香港：香港金銀首飾工商總會。

香港政府（1972）。《一九七一年香港年報（中譯本）》。香港：天天日報有限公司。

香港政府（1981）。《香港一九八一年》。香港：政府印務局。

香港政府（1988）。《香港一九八八年》。香港：政府印務局。

香港政府（1989）。《香港一九八九年》。香港：政府印務局。

香港政府（1993）。《香港一九九三年》。香港：政府印務局。

香港政府統計處（1996）。《香港統計年刊一九九六年版》。香港：香港政府。

香港唐裝首飾商業會（1926）。《香港唐裝首飾商業會草章》。香港：香港唐裝首飾商業會。

香港特別行政區政府（1997）。《香港 —— 邁進新紀元》。香港：香港政府印務局。

香港特別行政區政府（2002）。《香港 2002 年》。香港：香港政府印務局。

香港特別行政區政府（2007）。《香港 2007 年》。香港：香港政府印務局。

香港珠寶製造業廠商會 30 周年紀念編輯委員會（2018）。《珍飾鑲傳：香江珠寶印記》。香港：傳承出版社。

唐克美、李蒼彥（2004）。《中國傳統工藝全集第一輯，金銀細金工藝和景泰藍》。鄭州：大象出版社。

祝春亭（1996）。《鯊膽大亨：鄭裕彤傳》。廣州：廣州出版社。

馬之驌（1988）。《中國的婚俗》。長沙：岳麓書社。

張曉輝（1998）。《香港華商史》。香港：明報出版社。

盛義（1994）。《中國婚俗文化》。上海：上海文藝出版社。

郭國燦（2007）。《回歸十年的香港經濟》。香港：三聯書店（香港）有限公司。

陳大同（1941）。《百年商業》。香港：光明文化事業公司。

陳公哲（1938）。《香港指南》。長沙：商務印書館。

陳雨（2003）。《黃金歲月：鄭裕彤傳》。香港：經濟日報出版社。

陳鏸勳（1894）。《香港雜記》。香港：香港中華印務總局。

港澳商業分類行名錄出版社（1939）。《港澳商業行名錄》。香港：港澳商業分類行名錄出版社。

華僑日報（1979）。《香港年鑑 1979》。香港：華僑日報。

馮邦彥（2014）。《香港產業結構轉型》。香港：三聯書店（香港）有限公司。

黃際昌（1993）。《香港市場探奇》。北京：經濟日報出版社。

劉智鵬（2011）。《香港早期華人菁英》。香港：中華書局（香港）有限公司。

廣東市地方志辦公室、廣州史地方志研究所編（1989）。《廣州史沿革史略》。廣州：廣東市地方志辦公室、廣州史地方志研究所。

歐陽偉廉（2013）。《流金歲月：香港金業史百年解讀》。香港：新人才文化。

鄭宏泰、周文港編（2020）。《文咸街里：東西南北利四方》。香港：中華書局（香港）有限公司。

鄭宏泰、高皓（2017）。《可繼之道：華人家族企業發展挑戰與出路》。香港：中華書局（香港）有限公司。

鄭寶鴻（2014）。《幾許風雨 —— 香港早期社會影像 1911-1950》。香港：商務印書館。

蕭國健（2000）。《油尖旺區風物志》。香港：油尖旺區議會。

薛鳳旋（1989）。《香港工業：政策、企業特點及前景》。香港：香港大學出版社。

藍潮（1997）。《鄭裕彤傳》。香港：名流出版社。

(4) 英文著述

Adams, D. Mike ed (2016). *Gold Ore Processing: Project Development and Operations*. 2nd edition. Amsterdam: Elsevier Science.

Census and Statistics Department (1969). *Hong Kong Statistics, 1947-1967*. Hong Kong: Census and Statistics Department.

Chung, Stephanie Po-Yin (1998). *Chinese Business Groups in Hong Kong and Political Change in South China 1900-1925*. New York: Macmillan Press Ltd.

Hong Kong Trade Development Council (1980). *Hong Kong's Precious Jewellery Industry and the Precious Jewellery Market in Switzerland*. Hong Kong: Hong Kong Trade Development Council, Research Department.

Hong Kong Trade Development Council (1980). *The Precious Jewellery Market in the United Kingdom*. Hong Kong: Hong Kong Trade Development Council, Research Department.

Hong Kong Trade Development Council (1984). *Hong Kong's Jewellery Industry*. Hong Kong: Hong Kong Trade Development Council, Research Department.

Hong Kong Trade Development Council (1986). *Hong Kong's Jewellery Industry and Export* (Hong Kong: Hong Kong Trade Development Council, Research Department, 1986).

Hong Kong Trade Development Council (1987). *Hong Kong's Jewellery Industry and Export*. Hong Kong: Hong Kong Trade Development Council, Research Department.

Laybourn, Keith (1992). *A History of British Trade Unionism*. Stround: Sutton Publishing Ltd.

McCusker, John. (2005). *History of World Trade Since 1450*. Farmington Hills: Cengage Gale.

Sinn, Elizabeth (2012). *Pacific Crossing: California Gold, Chinese Migration, and the Making of Hong Kong*. Hong Kong: Hong Kong University Press, 2012.

Wong Siu Lun Hua (1988). *Emigrant entrepreneurs: Shanghai Industrialists in Hong Kong*. Hong Kong: Oxford University Press.

Wong, Heung-Wah and Chau Ling-Fung (2019). *Tradition and transformation of a Chinese family business*. London: Routledge.

(5) 論文

王海文（1984）。〈鎏金工藝考〉,《故宮博物院院刊》,第 2 期：50-58 及 84。

王慧珍（2017）。〈二次世界大戰後台灣金工匠師的養成與變遷初探〉,《新北市立黃金博物館學刊》,第 5 期：52-66。

史樹青（1973）。〈我國古代的金錯工藝〉,《文物》,第 6 期：66-72。

白黎璠（2006）。〈夏商西周金器研究〉,《中原文物》,第 5 期：39-49 及 93。

安志敏、安志爰（2008）。〈中國早期黃金制品的考古學研究〉,《考古學報》,第 3 期：291-310。

唐羽（2016）。〈黃金的歷史與金瓜石礦山的興替（上）〉,《新北市立黃金博物館學刊》,第 6 期：6-23。

張曉輝（1996）。〈近代香港的華資工業〉,《近代史研究》,第 1 期：140-164。

齊東方（1998）。〈中國早期金銀工藝初論〉,《文物季刊》,第 2 期：65-71 及 86。

Choi, Chi-cheung (1998). "Kinship and Business: Paternal and Maternal Kin in Chaozhou Chinese Family Firm," pp.26-49. In *Business History* 40:1.

Schenk, Catherine (1995). "Hong Kong gold market and the Southeast Asian gold trade 1950s," pp.387-402. In *Modern Asian Studies* 29:2.

(6) 未刊學位論文 / 論文

江楠（2015）。《中國早期金銀器的考古學研究》。長春：吉林大學博士學位論文。

張家禹（2006）。《二次大戰爭後南台灣金工首飾工藝變遷》。高雄：樹德科
　　技大學碩士論文。

錢華（2006）。《因時而變：戰後香港珠寶業之發展與轉型（1945-2005）》。
　　香港：香港中文大學博士論文。

（7）口述訪問

吳振騰先生（六福集團名譽顧問）

張汝榮先生（和盛金行東主）

張偉南先生（和盛金行東主）

張華根先生（安遜珠寶有限公司經理）

郭明義先生（香港金銀首飾總會永遠榮譽理事長）

黃永輝先生（前打金工場工人）

黃紹基先生（周大福珠寶集團董事總經理暨香港珠石玉器金銀首飾業商會理事
　　長）

劉克斌先生（周生生集團珠寶金行有限公司大中華營運總經理暨九龍珠石玉器
　　金銀首飾業商會理事會主席）

鄺添合先生（安遜珠寶有限公司機械士）

顏卓偉先生（周生生珠寶金行有限公司生產經理）

（8）其他

余杰鋒：〈香港和芳家族後人到荻風彩堂參觀〉，風采堂網站，http://www.
　　dhfct.com/News.asp?aid=933

亞洲電視製作：「慧眼商機」，2007 年 4 月 29 日。

香港鑽石總會：〈認定 NDQA 標誌〉，香港鑽石總會網站，http://www.dfhk.
　　org/tc/integrity.php

〈珠寶信譽店標籤計劃〉，網址：http://cpjr.hkjga.hk/。

秦偉：〈富二代黃蘭詩更是工作狂〉，《中國市場》，2012 年 38 期：50-2 及 7。

〈源遠根深：周大福珠寶的早期發展〉，周大福珠寶集團官方網站，https://
　　www.ctfjewellerygroup.com/tc/group/history/story-1.html

Cartwright, Mark. "Gold in Antiquity," in *World History Encyclopaedia*, https://www.
　　worldhistory.org/gold/

C.s.s. Jewellery Co Ltd v. The Registrar of Trade Marks [2010], HCMP2602/2008
　　(11 January 2010). https://vlex.hk/vid/c-s-s-jewellery-845292095

金飾今昔

香港金飾業的興衰

甘穎軒 著

		出版
責任編輯	白靜薇	中華書局（香港）有限公司
裝幀設計	簡雋盈	香港北角英皇道 499 號北角工業大廈 1 樓 B
排　版	陳美連	電話：（852）2137 2338
印　務	林佳年	傳真：（852）2713 8202

電子郵件：info@chunghwabook.com.hk

網址：http://www.chunghwabook.com.hk

發行

香港聯合書刊物流有限公司

香港新界荃灣德士古道 220 - 248 號

荃灣工業中心 16 樓

電話：（852）2150 2100

傳真：（852）2407 3062

電子郵件：info@suplogistics.com.hk

印刷

美雅印刷製本有限公司

香港觀塘榮業街 6 號海濱工業大廈 4 樓 A 室

版次

2022 年 11 月初版

©2022 中華書局（香港）有限公司

規格

16 開（210mm x 140mm）

ISBN

978-988-8809-05-9